STEVEN R. MARTINS

DEFENSOR DE LA
CRISTOLOGÍA ORTODOXA

Serie: Celebración
de la fe

SOBRE LA
ENCARNACIÓN

SAN ATANASIO

Defensor de la cristología ortodoxa / Sobre la encarnación / Steven R. Martins y Atanasio de Alejandría
© 2021 Cántaro Institute

Todos los derechos reservados. Se prohíbe la reproducción de este libro, en su totalidad o en parte, por cualquier medio físico o sistema de recuperación, al igual que su transmisión por cualquier forma o medio electrónico, mecánico, fotocopia, grabación, o de cualquier otra manera, sin el permiso previo de la casa editorial.

Cántaro Institute
3248 Twenty First Street,
Jordan Station, Ontario, Canada
www.cantaroinstitute.org

Publicado originalmente en inglés como *Defender of Orthodox Christology / On the Incarnation,* por Cántaro Institute, en Jordan Station, ON, 2020.

A menos que se indique al contrario, las citas de las Escrituras son de la Biblia LBLA® (La Biblia de las Américas®). Copyright © 1986, 1995, 1997 por The Lockman Foundation usado con permiso. www.LBLA.com

. 230 Martins, Steven R.
. M386d Defensor de la cristología ortodoxa / Sobre la encarnación / Steven R. Martins y Atanasio de Alejandría; traducido por Steven R. Martins; edición literaria por Daniel J. Lobo. —1a ed.— Jordan Station, ON.: Cántaro Institute, 2021.

   131 p.; 14 x 21 cm. (Serie: Celebración de la fe)

  ISBN 978-1-7776633-3-9

  1. TEOLOGÍA CRISTIANA.
  2. CRISTOLOGÍA ORTODOXA.
  I. Lobo, Daniel, ed. II. Título.

*A mi amada esposa, Cindy,
quien siempre camina conmigo en fe*

~ **Steven Martins** ~

Contenido

Prefacio de la Serie   9

Atanasio: Defensor de la Cristología Ortodoxa   17

  0.1 Introducción   17

  0.2 Trasfondo del siglo IV: El debate atanasiano y arriano   19

  0.3 Evidencia prenicena: El Nuevo Testamento   29

  0.4 Evidencia prenicena: La era apostólica   38

  0.5 Evidencia prenicena: Los patrísticos de la Iglesia primitiva   41

  0.6 Las implicaciones de *Homoousios* y *Homoiousios*   45

  0.7 El error epistemológico   48

  0.8 Conclusión   51

Sobre la Encarnación   55

  1.0 Nota del editor   55

  1.1 La creación y la caída   56

  1.2 El dilema divino y su solución en la encarnación   63

  1.3 El dilema divino y su solución en la encarnación (continuación)   69

  1.4 La muerte de Cristo   80

  1.5 La resurrección   88

1.6 La refutación de los judíos								96
1.7 La refutación de los gentiles							108
1.8 La refutación de los gentiles (continuación)			116
1.9 Conclusión												128

Sobre el Colaborador									131

¿Por qué alguien leería un libro escrito hace 1700 años? El variado contexto de los libros antiguos a veces puede hacer que parezcan irrelevantes. Pero la verdad sobre Dios es perenne, y el titánico personaje de Atanasio libró una batalla contra un sistema eclesial iglesia corrupto y el emperador Constantino para refutar la enseñanza del poderoso pero herético obispo Arrio. Fue llamado a defender la verdad, independientemente de las consecuencias que ello le traería. Fue *Athanasias contra mundum*, Atanasio contra el mundo.

Lo hizo, como Steven R. Martins demuestra hábilmente en su espléndida introducción, para defender la verdadera enseñanza de la Escritura y la Iglesia primitiva en cuanto a la naturaleza dual de Jesús. Era completamente Dios y plenamente hombre. Mientras que el obispo Arrio negó su divinidad, de la misma manera que Dan Brown también lo hizo a través de su popular novela de ficción, *El Código Da Vinci*, el testimonio audaz y la exposición veraz de Atanasio trajeron gran luz a un tiempo de oscuridad popular. Mi oración es que esta nueva edición aún pueda avivar en llamas su antiguo poder e iluminar nuestros propios días oscuros.

—Scott Masson (Ph.D)
Profesor Asociado de Literatura Inglesa
Tyndale University College, Toronto, ON.
Autor de *Romanticism, Hermeneutics and the Crisis of the Human Sciences*

¿Qué significa que Jesús es «engendrado de Dios» o «el primogénito de toda la creación»? ¿Es de la misma esencia que el Padre, o es un ser creado inferior? Estas cruciales interrogantes en torno a la doctrina de la Trinidad están en el centro del debate entre Arrio y Atanasio. En este libro, Steven R. Martins nos lleva en un viaje y revela el trasfondo histórico del debate, mostrando que la doctrina trinitaria no comenzó en Nicea ni con Constantino, sino con las enseñanzas de Cristo mismo y de los apóstoles en el Nuevo Testamento. Este escrito me ayudó a recordar la importancia de la sólida cristología bíblica que Atanasio tan apasionadamente defendió y me trató con las propias palabras de Atanasio en su obra: *Sobre la encarnación,* su confesión de la doctrina histórica de la naturaleza de Cristo. Este libro es de lectura obligatoria para cualquiera que ame la historia de la Iglesia y quiera ser alentado a defender la verdad de las doctrinas ortodoxas fundamentales.

—**Nathan Díaz**
Pastor y Maestro, Iglesia Evangélica Cuajimalpa, México;
Miembro del Concilio de Coalición por el Evangelio;
Director fundador de Fish Studios y productor
de programas de radio de Clasificación A

Prefacio de la Serie

¿Qué es la fe y por qué deberíamos celebrarla?

DE LAS DOS PREGUNTAS, la primera es la más común, la segunda, por otro lado, no se le da mucha importancia, aunque lógicamente debería seguir. En nuestro mundo pluralista, la palabra «fe» se ha usado a menudo como una palabra simbólica para todas las formas de creencias y expresiones religiosas. Lo encontrarás en pegatinas de automóviles, en carteles publicitarios, en una serie de publicaciones, incluso en películas, música, medios de comunicación, lo que sea. La fe se ha convertido como un sinónimo para la «espiritualidad», que hoy en día puede significar casi cualquier cosa. ¿Pero es esta fe *verdadera*? Es decir, ¿es esta la verdadera definición y comprensión de la fe, la fe en el sentido bíblico del término? La respuesta corta es no. No solamente se queda corta en su definición, sino que su orientación direccional también es incorrecta.

¿Qué es entonces la fe? Para entender qué *es* la fe y qué *no* es, primero debemos entender los conceptos filosóficos de la cosmovisión y la religión. Estos conceptos, si se basan en presuposiciones bíblicas, pueden ayudarnos a proporcionar un marco de pensamiento lógicamente coherente, o los parámetros mediante los cuales podemos responder a estas preguntas fielmente. De otra manera, nos enfrentamos a varias definiciones conflictivas sin una indicación clara de lo que es verdad.

En primer lugar, una cosmovisión es lo que todos tenemos, es la lente con la que vemos el mundo e interpretamos sus hechos y evidencias. No hay una sola persona viva y pensante en el mundo que no tenga un conjunto de creencias o presuposiciones con respecto a la realidad. Como lo definió un apologista, una «cosmovisión» es:

> una red de presuposiciones (las cuales no son verificadas mediante los procedimientos de las ciencias naturales) con respecto a la realidad (metafísica), el conocimiento (epistemología) y la conducta (ética), en términos de las cuales se relaciona e interpreta cada elemento de la experiencia humana.[1]

Ahora bien, no hace falta decir que no todas las cosmovisiones de las personas son correctas. Si una persona cree que la tierra es plana, y la otra que la tierra es redonda, y esto en el mismo sentido, solo uno de los dos tiene razón. ¿Pero quién? Las dos pruebas por las cuales se debe validar cada cosmovisión son las pruebas de la consistencia lógica y la correspondencia. ¿Es la cosmovisión lógicamente consistente? ¿Corresponde a la realidad? La Biblia, como la revelación especial de Dios, nos proporciona la verdadera cosmovisión, un verdadero conjunto de presuposiciones con respecto a la realidad, el conocimiento y la ética, las cuales son lógicamente consistentes y corresponden a la realidad. Todas las demás cosmovisiones son antitéticas a la cosmovisión verdadera y fallan en las dos pruebas de la consistencia lógica y la correspondencia. ¿Por qué? Porque vivimos y respiramos en el mundo de Dios, y por eso también podemos decir, debido a la imposibilidad de lo contrario.

En segundo lugar, las cosmovisiones no son libres e independientes de la *religión*. Por el contrario, nuestra cosmovisión

---

1. Gary DeMar, ed., *Pushing the Antithesis: The Apologetic Methodology of Greg L. Bahnsen* (Powder Springs, GA.: American Vision Press, 2010), 42-43.

y nuestra religión son inseparables. El apóstol Santiago escribió a la iglesia que «La religión pura y sin mácula delante de nuestro Dios y Padre es esta: visitar a los huérfanos y a las viudas en sus aflicciones, y guardarse sin mancha del mundo» (Stg 1:27). En otras palabras, la *verdadera* religión es glorificar a Dios en todo lo que hacemos, en todos los aspectos posibles de la interacción y la función creacional —esto incluye administrar la gracia del evangelio— el resultado de consagrar al Señor como santo en la esencia central de nuestro ser (1 P 3:15). Pero al igual que existe la *verdadera* religión, tal como se define en la revelación especial de Dios, también existe una *falsa* religión, que es antitética a la verdad, expresada como adoración de la creación en lugar del Creador (Ro 1:25). En pocas palabras, nuestra cosmovisión es la *estructura* de nuestras presuposiciones, lo que creemos que es verdad con respecto a la realidad, el conocimiento y la ética; mientras que nuestra religión es la *dirección* de esa estructura respectiva, nuestra adoración; es el motivo subyacente enraizado en la condición del corazón humano.

La razón por la cual la fe ha sido definida y entendida de varias maneras es porque ha sido interpretada y expresada desde una variedad de diferentes cosmovisiones religiosas, todas las cuales ponen énfasis en la orientación humanista de la fe (excepto la Biblia). Y aunque puede parecer que algunos elementos de su comprensión de la fe contienen una pizca de verdad, están, como un sistema total, en el error. Habiendo entonces establecido los parámetros mediante los cuales podemos responder a nuestras preguntas, es decir, desde la cosmovisión religiosa bíblica, ¿qué entonces podemos decir a *¿Qué es la fe y por qué deberíamos celebrarla?*

El término «fe» en el contexto del cristianismo bíblico es usado en al menos dos sentidos distintos. Según el *Diccionario de Oxford de la Iglesia Cristiana,* en primer lugar es aplicado objetivamente al «cuerpo de verdad que se encuentra en los Credos, en las definiciones de los Concilios acreditados, en las enseñanzas de eruditos y santos y, sobre todo, en la revelación contenida en la Biblia».[2] Es, en otras palabras, un término usado para referirse a la cosmovisión religiosa del cristianismo. Dentro de esta fe «objetiva», hay, en segundo lugar, la fe «subjetiva», a la que Pablo se refiere en 1 Corintios 13:13 como una de las tres virtudes teológicas junto con la esperanza y el amor. El *Diccionario de Oxford* explica que esta fe «es la respuesta humana a la verdad divina, inculcada en los Evangelios como la aceptación infantil y confiada del Reino [de Dios] y sus demandas, y conocida como 'la fe mediante la cual se alcanza la creencia' (*fides qua creditor*)».[3] Mientras que otras cosmovisiones religiosas enfatizan la fe subjetiva como un acto humano natural, la Biblia es clara en su enseñanza de que la fe es un acto sobrenatural, es decir, que un cristiano solo puede tener fe como resultado de la obra regeneradora de Dios en su corazón (Ez 36:26-27; Jn 1:12-13; 3:3-8; Tit 3:5). En pocas palabras, la fe subjetiva es un regalo de Dios para la fe objetiva de la verdad revelada de Dios.

¿Por qué debe ser la fe un regalo externo? Porque el hombre, en su pecado, no puede volverse por su propia voluntad a Dios en arrepentimiento y fe. Su disposición pecaminosa lo impide (Jn 8:34; Ro 6:20; 2 Ti 2:25-26; Tit 3:3). Esto no quiere decir que el hombre no pueda elegir por sí mismo entre la vida y la muerte (Dt 30:15-20), es más bien que la voluntad del hombre está esclavizada a su naturaleza pecaminosa y, por lo tanto, no puede elegir la vida, la vida de Jesucristo, a menos que primero

---

2. F.L. Cross, ed., *The Oxford Dictionary of the Christian Church*, second edition (Toronto, ON.: Oxford University Press, 1974), 499.
3. *Ibid.*

sea liberado de esta esclavitud (2 Cr 6:36; Job 14:4; Pr 20:9; Ec 7:20; Jr 13:23; Jn 6:65). Siempre querrá elegir la muerte, porque él es hostil a la verdad de Dios (Gn 6:5; Jn 8:44; Ro 1:18; 8:7-8; Ef 4:17-19). Esta liberación de su condición caída es, en última instancia, la obra del Espíritu de Dios, que toma el corazón de piedra y lo reemplaza por un corazón de carne (Ez 36:26), y habiéndolo liberado de su cautiverio, con su corazón renovado, ya puede entonces elegir la única opción lógica que tiene ante sí mismo, la fe en el Señor y Salvador Jesucristo y todo lo que eso conlleva (Hch 11:18; 13:48; Ef 2:8-9; Fil 1:29; 2 Ti 2:25-26).

Esta es precisamente la razón por la que existen tantas cosmovisiones religiosas diferentes en nuestros días. El pecado no solo causó nuestra alienación de Dios y nuestra muerte espiritual, también afectó, o podríamos decir «infectado», la totalidad de nuestro ser, incluyendo nuestras facultades intelectuales y mentales, lo que los teólogos llaman los efectos *noéticos* del pecado. En lugar de interpretar la revelación general de la creación de Dios como realmente es, por nuestra naturaleza caída y hostil, suprimimos la verdad y creamos para nosotros falsas cosmovisiones con sustitutos inevitables de Dios (Ro 1:18, 25). Es en parte por esta razón que Dios proporcionó la revelación especial de su palabra como la única interpretación autoritaria de su realidad creada, porque sin ella, seríamos como ciegos quedado con los brazos extendidos en la oscuridad. Pero cuando Dios atrae a sí mismo a hombres y mujeres por su gracia irresistible, estos sustitutos de dioses falsos son abandonados *por* la fe *para* la verdadera fe. Como John Newton (1725-1807) escribió en su himno Sublime Gracia: «Fui ciego, mas hoy veo yo, perdido y Él me halló».

Por lo tanto, si la fe que salva se origina en Dios —¿de qué otra manera puede ser salvado el hombre?—, entonces una celebración de la fe no es solo una celebración de lo que creemos, de lo que Dios ha revelado —que debe ser celebrado por su derecho propio—, sino de lo que Dios ha hecho para redimir a los desgraciados pecadores como nosotros. ¿Y qué razón más necesitamos para celebrar la fe que el hecho de que Cristo haya pagado el sacrificio máximo para salvarnos de nuestra condición pecaminosa y caída y del juicio que espera a los vivos y los muertos (2 Ti 4:1; 1 P 4:5-6)? No solo nos rescata de la oscuridad al perdonarnos de nuestro pecado, habiendo pagado su pena a través de su muerte (1 Co 6:20; Ef 1:7; 1 P 1:18-19; 1 Jn 2:2; Ap. 5:9), Él también nos reconcilia con el Padre y comienza la obra de renovación y restauración, devolviéndonos, por el poder del Espíritu y su obra santificadora, a nuestro estado original de justicia y nuestro propósito creacional.

Si nuestro propósito creado es, como lo establece la *Confesión de Fe de Westminster*, glorificar a Dios y gozar de Él para siempre (Ro 11:36; 1 Co 10:31; Sal 73:24-26; Jn 17:22, 24), ¿cómo puede esto ser posible sin fe? ¿No escribe el autor de Hebreos, «sin fe es imposible agradar a Dios»? (Heb 11:6). Es por esta razón también que celebramos la fe, porque no solo Dios nos ha concedido el regalo de la fe salvadora, sino que la fe nos permite cumplir nuestro fin más elevado, glorificar a Dios y gozar de Él para siempre. Celebrar la fe, entonces, es realmente celebrar la gloria de Dios, porque la verdadera fe arraigada en la palabra de Dios solo proviene de Dios, el «autor y consumador de la fe» (Heb 12:2).

Celebración de la Fe es una serie que reflexiona sobre las vidas y contribuciones de aquellos que han sido tocados por la gracia de Dios, aquellos que han profesado, defendido y promovido la cosmovisión religiosa cristiana. Y aunque hay millones de historias que contar, el equipo editorial que está detrás de esta serie ha tratado de destacar algunos de los santos que han inspirado a generaciones de generaciones para vivir vidas de fe, y otros cuya fe, aunque olvidada, han tenido un impacto significativo en la cultura de su día. El propósito de esta serie es inspirar y equipar a los creyentes comprados por la gracia a vivir su fe de tal manera que demuestre la verdad, la belleza y la libertad del evangelio y su naturaleza holística para el avance del reino de Dios.

Perfilado en este volumen encontramos al patrístico del siglo IV, o padre de la Iglesia, San Atanasio (c. 296-373 d. C.), obispo de Alejandría. Es reconocido por los historiadores como el principal apologista contra la herejía monista del arrianismo, y demostró ser un teólogo competente, influyendo en el desarrollo y la preservación del Credo de Nicea. Podría decirse que la vida monumental de Atanasio está marcada principalmente por una confesión audaz y fiel, habiendo sufrido, ante la persecución masiva, el exilio numerosas veces por su defensa de la divina personalidad de Jesús como el Hijo de Dios. De hecho, él ganaría el título de *Atanasio Contra Mundum* por su disposición de enfrentar al mundo en defendiendo la verdad bíblica. Una de sus obras más influyentes, *Sobre la Encarnación*, fue escrita como una apologética por la doctrina del eterno Hijo de Dios tomando sobre sí mismo, sin dejar de ser Dios, la humanidad completa (Jn 1:14) con el propósito de la gloria del Padre y nuestra salvación (Jn 3:16; 12:28). Este clásico de la teología cristiana está incluido en este volumen, precedido por una apologética de Atanasio como defensor, no fabricador, de la cristología ortodoxa escrita por Steven R. Martins, director fundador del Cántaro Institute. Atanasio, el hombre acreditado como siendo el pilar de la Iglesia en el período patrístico, se erige como un personaje ejemplar de la fe, digno de ser perfilado en esta serie.

Es nuestra esperanza que el Señor use este libro para ayudar a cultivar dentro de la Iglesia un mayor aprecio por nuestra herencia cristiana, porque heredamos un gran tesoro en la fe en la que hemos sido comprados. Que seas inspirado a través de este perfil a vivir tu fe audazmente, impávido por los desafíos y las aflicciones de vivir en un mundo caído, sabiendo que el Señor te sostendrá cuando busques ser la sal y la luz del mundo (Mt 5:13-16). Y que seas equipado e informado sobre la naturaleza de la misión de la Iglesia, para preservar y promover la verdad bíblica, no solo en su confesión sino en su aplicación, para el crecimiento del reino de Dios y solo para Su gloria.

Que Dios sea glorificado,
El Equipo Editorial

Atanasio:
Defensor de la Cristología Ortodoxa

Steven R. Martins

0.1 Introducción

NO FUE HACE MUCHO tiempo que el *Código DaVinci* de Dan Brown, una obra de revisión histórica de ficción, se convirtió en un éxito de ventas. La novela, que ahora forma parte de una serie más grande y un universo cinematográfico, presenta a un historiador del arte, Robert Langdon, quien descubre que la doctrina cristológica del cristianismo contemporáneo no tiene una base histórica.[1] La afirmación no tan sutil es que Constantino, quien reinó como emperador romano desde el año 306-337 d. C., recopiló, después de haber encargado su escritura, el Nuevo Testamento en el siglo IV. Fue un esfuerzo por suprimir puntos de vistas alternativas de Jesús, es decir, cualquier punto de vista que relegara al mesías a una simple criatura.[2] El historiador Michael A. G. Haykin describe la acusación de Brown diciendo que Constantino manipuló astutamente el concilio de Nicea «para sus propios fines, [de modo que] Jesús se 'convirtió... en una deidad' y se convirtió por primera vez en un objeto de adoración... El rostro del cristianismo como lo conocemos hoy en

---

1. Gene Edward Veith, «The Da Vinci Phenomenon», *World*, 21, no. 20 (May 20, 2006), 20-21.
2. Dan Brown, *The DaVinci Code* (NY., New York: Anchor Books, 2006), 231-232.

día».³ El *Código DaVinci*, sin embargo, es ficción, y demuestra que sus afirmaciones no son más que ficción en comparación con los hechos históricos. Y sin embargo, a pesar de esto, no ha impedido que los académicos y polemistas intenten colocar una acusación similar de la invención de la doctrina cristológica sobre la Iglesia del siglo IV.⁴ Es posible que Constantino haya tenido intereses políticos en Nicea, pero no tenía un control real sobre el credo de la Iglesia. Atanasio, el joven luchando por defender la cristología bíblica, por otra parte, podría ser acusado de ser el fabricante. Hubo un tiempo en que la perspectiva predominante en el lado occidental del Imperio era el arrianismo, y Atanasio luchó con todas sus fuerzas en sus enseñanzas *contra mundum*, contra el mundo, para preservar la creencia en el Dios-hombre Jesucristo. Pudo haber sido él, o sus aliados en el concilio de Nicea, quien fabricara la deidad de Jesús.

Sin embargo, en contra de la idea de San Atanasio o el concilio de Nicea como los fabricantes de un cristianismo cristológico, es decir, la santa fe centrada alrededor y construida sobre el Dios-hombre Jesucristo, el patrístico del siglo IV d. C. y sus aliados posteriores en el concilio defendieron la cristología ortodoxa cual existía antes del siglo IV. Ellos refutaron hábilmente la teología aunque popular pero herética y humanística del arrianismo, la cual es la negación de la deidad y naturaleza eterna de Jesús.

---

3. Michael A.G. Haykin, *The Church Fathers as Spiritual Mentors: The Christian Mentor, Vol. 1* (Kitchener, ON.: Joshua Press, 2017) 6.
4. El erudito estadounidense Douglas McCready escribe que si tal afirmación, en cualquier sentido, fuera demostrada como no necesariamente idéntica a las afirmaciones de Brown en *El código DaVinci*, «toda creencia cristiana distintiva tendría que ser descartada» por quedar relegada a la trivialidad e irrelevancia, en *He Came Down from Heaven: The Pre-existence of Christ and the Christian Faith* (Downers Grove, IL.: InterVarsity Press/Leicester, UK.: Apollos, 2005), 317.

Atanasio: Defensor de la Cristología Ortodoxa | 19

Espero demostrar en mi escrito que la evidencia de la cristología ortodoxa se encuentra antes del concilio de Nicea del siglo IV, que negar a Jesús el Hijo por ser de la misma sustancia que Dios el Padre conduce inevitablemente a la teología monista, y que la intención siniestra detrás de estas acusaciones es, de hecho, el interés de preservar la autonomía radical del hombre.

0.2 Trasfondo del siglo IV: El debate atanasiano y arriano

Sin embargo, para lograr mi objetivo, primero se debe considerar el trasfondo histórico de la Iglesia del siglo IV. No nos serviría de nada demostrar evidencias tempranas de la cristología doctrinal, las implicaciones de negar la deidad del Hijo, y desvelar la intención subyacente de las afirmaciones de la fabricación doctrinal sin comprender primero el debate atanasiano y arriano que llevó estos asuntos a la vanguardia de la Iglesia.

Fue en el año 318 cuando Arrio, un erudito en estética, predicador popular y alumno del obispo Alejandro de Alejandría, protestó en contra de la cristología ortodoxa.[5] En desacuerdo con el sermón de Alejandro, titulado «El gran misterio de la Trinidad en la unidad», el cual enfatizaba la unidad del Padre, el Hijo y el Espíritu Santo,[6] lanzó un ataque al enseñar que tal unidad era una herejía en línea con el sabelianismo[7] o el modalismo[8] o al

---

5. Earle E. Cairns, *Christianity through the Centuries: A History of the Christian Church* (Grand Rapids, MI.: Zondervan Publishing House, 1981), 133.
6. Peter J. Leithart, *Athanasius: Foundations of Theological Exegesis and Christian Spirituality* (Grand Rapids, MI.: Baker Academic, 2011), 1.
7. El sabelianismo se define como la creencia de que el Padre, el Hijo y el Espíritu Santo son tres modos o aspectos diferentes de Dios, cada uno manifestado en diferentes puntos de la historia, una forma de modalismo *cronológico*, contrario a la doctrina trinitaria ortodoxa de tres personas distintas dentro de la Deidad.
8. El modalismo se define como la creencia de que Dios no es tres personas distintas, sino una sola persona que se revela a sí mismo en diferentes modos.

borde del politeísmo griego.⁹ Al igual que los teólogos anteriores de Alejandría, como Clemente y Orígenes, Arrio se dedicó a la «teología especulativa» y discípulo a un pequeño grupo de estudiantes encargados de difundir su visión alternativa de Cristo.¹⁰ Muy pocos de los escritos de Arrio existen hasta el día de hoy, pero su teología puede ser reconstruida por sus oponentes y aliados. En una de las cartas sobrevivientes escritas a su amigo, Eusebio de Nicomedia, se queja de que su persecución se debe a que el enseña el *Logos*, la Palabra, que existe «por voluntad y consejo» y que «antes de ser engendrado, creado o determinado, o establecido, él no existía».¹¹ De acuerdo con cómo algunos eruditos han interpretado a Arrio, el *Logos* no es una criatura, pero tampoco es el Creador, porque el Creador es el único no engendrado, y para que el Hijo sea engendrado significa que debe haber habido un momento en que no existía.¹² Como el propio Arrio escribió:

> Y Dios, siendo la causa de todo lo que sucede, es absolutamente solo sin principio; pero el Hijo, engendrado aparte del tiempo por el Padre, y creado y fundado antes de los siglos, no existía antes de su generación, sino que fue engendrado aparte del tiempo antes de todas las cosas, y solo él nació del Padre. Porque él no es eterno ni coeterno ni coengendrado con el Padre, ni tiene su ser junto con el Padre... pero Dios es antes de todas las cosas como una mónada y principio de todo.¹³

El sabelianismo sería una categoría de modalismo.
9. Cairns, *Christianity through the Centuries*, 133.
10. Leithart, *Athanasius*, 2.
11. Citado en R.P.C. Hanson, *The Search for the Christian Doctrine of God: The Arian Controversy* (Grand Rapids MI.: Baker Academic, 2005), 6-7.
12. Leithart, *Athanasius*, 2.
13. Citado en *Ibid.*, 3.

Esto si plantea la pregunta: si Jesús no fue una criatura, y él no es uno con el Dios Creador en sustancia y esencia, ¿entonces qué es él? En un intento de evitar cometiendo el error del sabelianismo o modalismo, Arrio difumina la distinción entre el Creador y la creación e inevitablemente reduce la fe a una forma de monismo religioso. Abordaré este asunto de las implicaciones negativas en una sección posterior.

A diferencia de otras herejías que surgieron entre el primer siglo y el cuarto siglo d. C., que perduraron por un tiempo en la vida de la Iglesia y luego pasaron a la oscuridad una vez refutadas, el arrianismo no solo se mantuvo por mucho tiempo sino que también se hizo inmensamente popular entre los cristianos. Esto fue evidente en que la doctrina de Arrio fue encarnada en oraciones e himnos, y la gente comúnmente cantaba sus poemas, como el *Thalia* (el cual significa banquete), que decía así:

…Y así, Dios mismo, como realmente es,
es inexpresable para todos.

Él solo no tiene igual, nadie similar,
y nadie de la misma gloria.

Lo llamamos no engendrado, en contraste
con aquel quien por naturaleza es engendrado.

Lo alabamos como sin principio
en contraste con el que tiene un principio.

Lo adoramos como intemporal,
en contraste con el que en tiempo ha llegado a existir.

El que es sin principio hizo al Hijo
un principio de cosas creadas.

Lo produjo como un hijo
para sí mismo al engendrarlo.

Él [el Hijo] no tiene ninguna de las
características distintivas del propio ser de Dios
Porque no es igual a, ni es del mismo ser que Él...[14]

Dado que esta herejía no parecía desvanecerse, sino que en cambio avanzaba rápidamente, el obispo Alejandro hizo sonar la alarma al convocar un sínodo de cien obispos egipcios. Este sínodo condenó a Arrio y su enseñanza como herética y lo expulsó de Alejandría.[15] Sin embargo, lejos de ser el final, Arrio viajó de Alejandría a Nicomedia para quedarse con su aliado y amigo Eusebio, quien resultó ser amigo de la esposa del Emperador del Este y hermana de Constantino. Eusebio, por lealtad a Arrio, convocó un consejo en Bitinia, que revirtió la decisión del sínodo egipcio y declaró a Arrio como «ortodoxo». Esto significaba que Arrio podía regresar a Alejandría, y lo hizo, entre mucha controversia y disputas.[16]

Para resumir, a diferencia de la infundada acusación de Brown de que Constantino intentó «deificar» a Jesús de Nazaret por medios políticos, en lugar de eso, encontramos un emperador que era más pragmático en su fe que conviccional. Aunque dio su oído a los dos lados, al final su preocupación no era la doctrina sino la unidad en el Imperio romano. Así, Constantino recurrió a las negociaciones, primero enviando a su consejero Ossius a Alejandría, pero cuando las cosas parecían más complicadas y complejas de lo que el emperador podría haber imaginado,

---

14. «Arius – Thalia in Greek and English». *Fourth Century Christianity*. Trad. por William Bright. Accesado el 7 de junio del 2018. http://www.fourthcentury.com/index.php/arius-thalia-greek

15. Leithart, *Athanasius*, 5.

16. Timothy D. Barnes, *Constantine and Eusebius* (Cambridge, MA.: Harvard University Press, 1981), 203-204.

convocó a los obispos del Oriente y Occidente.[17] Este es un evento notable en la historia de la Iglesia, ya que fue la primera vez que los líderes de la Iglesia, de todo el Imperio, pudieron reunirse en una escala tan grande. Fue el primer concilio ecuménico. Fue aquí, en Nicea en el verano de 325 d. C., que Arrio fue condenado por los doscientos a trescientos obispos.[18]

¿Dónde estaba Atanasio en todo esto? En el momento del consejo, se desempeñaba como diácono en la iglesia de Alejandría y acompañó a Alejandro como su experto en teología y secretario.[19] Según la tradición de la Iglesia, Atanasio fue primero encontrado por Alejandro bautizando a sus amigos en la playa cuando era un niño. Él pensó que Atanasio estaba jugando un juego inapropiado, pero al hablar con él, descubrió que era un discípulo con capacidad de ser enseñado que deseaba sinceramente servir al Señor.[20] Atanasio era brillante, pero lo fue mucho más después de haber recibido una educación clásica en la escuela catequética de Alejandría. Lo que observa Leithart es que, al contrario de Arrio:

> Aunque fue capaz de usar la filosofía que él conocía en la apologética anti-pagana y las polémicas antiarrianas, Atanasio se mantuvo a lo largo de su vida mayormente como un maestro de la Biblia, sus convicciones, pasiones, instintos, creencias y puntos de vista más básicos no fueron determinados por Plotino ni por el estoicismo, sino por la Escritura.[21]

---

17. Leithart, *Athanasius*, 6.
18. Cairns, *Christianity through the Centuries*, 133.
19. *Ibid.*, 8.
20. T.D. Barnes, *Athanasius and Constantius: Theology and Politics in the Constantinian Empire* (Cambridge, MA.: Harvard University Press, 1993), 10.
21. Leithart, *Athanasius*, 6.

El conflicto entre Atanasio y Arrio aún no había llegado a un punto crítico. De hecho, Atanasio no dominó los primeros procedimientos del concilio, contrariamente al pensamiento popular, sino que estaba sujeto a su obispo Alejandro. Sin embargo, llegó a ser reconocido como el principal exponente de la visión ortodoxa, principalmente, de la eternidad de Jesucristo y de la identidad de Su sustancia con la del Padre.[22] El tema que planteó en el concilio fue que el debate en cuestión era soteriológico, porque ¿cómo podría Cristo salvar al hombre de su pecado y restaurar su ser si solo fuera una criatura? Él debía ser igual, coeterno y consustancial con el Padre.[23] Al final, fue apoyado por el concilio, que rechazó las opiniones de Arrio e incluso la de Eusebio de Cesarea que intentó encontrar un punto medio entre las dos posiciones. El credo forjado en el concilio fue el siguiente:

> Creemos en un solo Dios,
> el Padre todopoderoso,
> Creador de todas las cosas visibles e invisibles;
> Y en un solo Señor, Jesucristo,
> el Hijo de Dios,
> engendrado del Padre, unigénito,
> es decir, de la sustancia del Padre,
> Dios de Dios,
> luz de luz,
> verdadero Dios de verdadero Dios,
> engendrado no creado,
> de una sola sustancia con el Padre,

---

22. Cairn, *Christianity through the Centuries*, 134.
23. *Ibid.*

por quien nacieron todas las cosas,
cosas en el cielo y cosas en la tierra,
quien por nosotros los hombres
y por nuestra salvación descendió,
y se encarnó,
y se hizo hombre,
y sufrió,
y resucitó al tercer día,
y subió a los cielos,
y vendrá a juzgar a los vivos y muertos,
Y en el Espíritu Santo.
Pero en cuanto a los que dicen,
hubo un tiempo cuando Él no existía,
y antes de nacer no era,
y que Él vino la existencia de la nada,
o quien afirma que el Hijo de Dios es de una hipóstasis o sustancia diferente,
o creado,
o está sujeto al alteración o cambio
—A estos la Iglesia católica y apostólica anatematiza.[24]

El concilio, sin embargo, a pesar del desarrollo y del acuerdo mayoritario de su primer credo niceno, no disipó el arrianismo en su totalidad. En el año 328 d. C., cuando Alejandro fue a estar con el Señor, Atanasio fue elegido como el siguiente Obispo de

---

24. «Creed of Nicaea 325, Greek, Latin and English». *Early Church Texts*. Accesado el 6 de junio del 2018. http://www.earlychurchtexts.com/public/creed_of_nicaea_325.htm

Alejandría y se profundizó en el conflicto.[25] Constantino pensó en este momento que esta era la oportunidad para que Arrio se reconciliara con la iglesia alejandrina, pero Atanasio no tendría parte de ello, no cuando significaba negar la verdadera naturaleza de Dios y sacrificar la verdad bíblica en el altar del pragmatismo.[26] Esto resultó ser el comienzo de muchos problemas, porque con falsas acusaciones contra él de parte de los proponentes de los arrianos y la presión del trono imperial, fue exiliado varias veces de Alejandría, cada vez siendo reincorporado, y cada vez después siendo suspendido de su cargo de obispo.[27] Debe ser señalado que, aunque Constantino realmente no tomó ningún lado, vacilando de un lado a otro entre la doctrina ortodoxa y la herética, su sucesor, Constancio, fue un ávido proponente de Arrio y fue más agresivo. A principios de la década de los 350, él convocó a dos concilios eclesiales en el imperio occidental para eliminar el Credo de Nicea; por supuesto, no tuvo éxito.[28] Antes de esto, sin embargo, y durante los varios períodos de exilio, Atanasio había escrito varias cartas, muchas de las cuales contenían polémicas anti-arrianas. Su mayor polémica fue *Discursos contra los arrianos*, la cual se complementó con su anterior apologética *Sobre la Encarnación*.[29] Las polémicas antiarrianas, aunque arraigadas en las Escrituras, enojaron a Constancio hasta tal punto que envió soldados romanos a detener al obispo de Alejandría, pero Atanasio se escapó al desierto después de haber

---

25. Leithart, *Athanasius*, 6.
26. Ver Barnes, *Athanasius and Constantius*, 10-14.
27. Hanson, *The Search for the Christian Doctrine of God*, 263.
28. Leithart, *Athanasius*, 12.
29. *Ibid.*, 11.

asegurado la seguridad de sus seguidores, como lo hizo muchas veces antes.[30]

¿Cuál fue el conflicto central entre Arrio y Atanasio, este último tomando la defensa de su predecesor Alejandro? Arrio enseñó que el Hijo no conoce al Padre porque no es de la misma sustancia, es una criatura y, sin embargo, no es una criatura. Puede ser de una sustancia similar a la del Padre, como sus seguidores lo postularon más adelante, pero no es uno con el Padre. Ni siquiera conoce su propia esencia, y como resultado, el Padre es tan incomprensible como él mismo.[31] Esto es ciertamente confuso, pero parecía más fácil de aceptar que la formulación trinitaria de Dios. El enfoque principal de la doctrina arriana, en esencia, era la sustancia del Hijo en contraste con la del Padre. Algunas sectas arrias, como los anomianos del 350 d. C., enfatizaron el término *anomoios*, que significa completamente «desemejante», porque consideraron que el término *homoios*, el cual significaba que Jesús era similar, o como el Padre, era muy confuso.[32] Basilio de Ancira propuso *homoiousios* como un compromiso entre los anomianos y el resto de los arrianos, es decir, la similitud de la esencia. Esto se convertiría en la expresión doctrinal definitiva del arrianismo.[33]

Según el credo arriano, que más tarde fue presentado al emperador entre el 327 y el 335 d. C., el Hijo es «producido» por el Padre, y se dice que todas las cosas fueron creadas a través

---

30. Ver Athanasius, «Apología de Fuga, 24». *New Advent*. Trad. por M. Atkinson y Archibald Robertson. Accesado el 5 de junio del 2018. http://www.newadvent.org/fathers/2814.htm
31. Las palabras de Arrio, registradas por Atanasio, son citadas en Leithart, *Athanasius*, 4.
32. *Ibid.*, 17.
33. *Ibid.*

de él.[34] Él es, en otras palabras, el Creador creado. Atanasio, por otro lado, enseñó que el Hijo fue engendrado eternamente, es decir, él es el engendrado del Padre, pero siempre existió. Él no es diferente del Padre, ni como el Padre, sino de la misma sustancia que el Padre. Aunque el término *homoousios* se atribuye a los patrísticos involucrados en el resultado del concilio niceno, Atanasio refleja el *homoousios* de Jesús y el Padre a lo largo de sus escritos. La mayoría de los patrísticos del siglo cuarto contribuyeron ciertamente al desarrollo del credo niceno, pero fue Atanasio el que lo conservó después. Se puede decir que, si Atanasio no hubiera luchado contra el arrianismo por el motivo de la autoridad bíblica, la mayoría del Imperio se habría vuelto arriano y el credo de Nicea había sido derrocado. Esto claramente no era la voluntad de Dios. Tal retroceso era contrario a sus propósitos para la Iglesia del siglo IV. En cambio, en su divina providencia, el Señor usó a Atanasio para luchar contra el mundo, *contra mundum*, en su defensa de la verdad de la Escritura y su clara enseñanza. Como escribe Leithart, «A lo largo de la mayor parte de la historia de la Iglesia, Atanasio ha sido considerado como un teólogo de habilidad superior y un guerrero teológico de primer orden. Es un héroe cristiano, de pie con su Señor *contra mundum*».[35]

¿Fue Atanasio el fabricador de la cristología doctrinal? ¿Fue deificado Jesús de Nazaret en el siglo IV cuando originalmente fue un profeta humano? Si alguien creyera esto seriamente, tendría que cerrar los ojos ante el significado claro de varios textos del Nuevo Testamento y el testimonio de la Iglesia primitiva. Si nuestra máxima autoridad para todo el conocimiento es la

---

34. Rowan Williams, *Arius: Heresy & Tradition*, revised ed. (Grand Rapids, MI.: Wm. B. Eerdmans, 2002), 96.
35. *Ibid.*, 15.

Escritura, entonces ahí es donde debemos comenzar, y desde allí, examinar la interpretación bíblica de los padres de la Iglesia quienes siguieron a los apóstoles del Señor en la enseñanza de la Iglesia.

0.3 Evidencia prenicena: El Nuevo Testamento

Según el erudito Douglas McCready, comenzando con las epístolas paulinas que son los documentos más antiguos del Nuevo Testamento, encontramos una cristología muy alta en su estructura y dirección teológica.[36] No solo revelan que Jesús es el Hijo de Dios, sino que él preexistió eternamente. Colosenses 1:15-16, por ejemplo, declara que Cristo es «la imagen del Dios invisible, el primogénito de toda creación. Porque en El fueron creadas todas las cosas, tanto en los cielos como en la tierra, visibles e invisibles; ya sean tronos o dominios o poderes o autoridades; todo ha sido creado por medio de Él y para Él». La designación de «primogénito de toda creación» ha llevado a algunos a interpretar esto, como Arrio y las sectas que lo siguieron, en el sentido de que Jesús es una criatura creada por Dios antes de la creación del cosmos.[37] Pero a eso no se refiere Pablo en sus escritos, sino que presenta a Jesús como el principal heredero de toda la creación. El erudito del Nuevo Testamento R.R. Melick afirma esto al afirmar que:

> el concepto judío de la primogenitura... influye el significado de la palabra... El término «primogénito» se refería a un rito (ritual) que otorgaba al primer hijo un lugar especial en la familia... Pablo declaró que Jesús 'es el representante de su

---

36. McCready, *He Came Down from Heaven*, 16.
37. R.R. Melick *The New American Commentary: Philippians, Colossians, Philemon*, Vol. 32 (Nashville, TN.: Broadman & Holman Publishers, 1991), 216.

Padre y heredero y la administración de la casa divina (toda la creación) le ha sido encomendada a Él'.[38]

Arrio creía que Jesús era el Creador creado, pero si la obra divina de la creación *ex nihilo* se atribuye exclusivamente a Dios, sería imposible que una creación realice una tarea tan creativa. Cualquier inclinación arriana se eliminaría si se atendieran las últimas palabras de Pablo en Colosenses, como dice Colosenses 1:19: «Porque agradó al Padre que en Él habitara toda la plenitud», el cual es afirmado de nuevo en Colosenses 2:9, «Porque toda la plenitud de la Deidad reside corporalmente en El». Estos textos presentan claramente a Jesús como Dios sin confundir la distinción del Padre-Hijo.[39] Difuminar la distinción entre el Creador y la creación, como Arrio había hecho al postular a Jesús como el Creador creado, reduciría la teología cristiana al monismo, dando como resultado una realidad sin distinción.[40]

Hay otros casos en la literatura paulina que mencionan la deidad de Cristo, como 1 Corintios 8:5-6, que dice:

> Porque aunque haya algunos llamados dioses, ya sea en el cielo o en la tierra, como por cierto hay muchos dioses y muchos señores, sin embargo, para nosotros hay un solo Dios, el Padre, de quien proceden todas las cosas y nosotros somos para Él; y un Señor, Jesucristo, por quien son todas las cosas y por medio del cual existimos nosotros.

Al contrastar la fe santa con las religiones paganas y falsas, Pablo conserva el énfasis monoteísta judío en semejanza al

---

38. *Ibid.*, 215.
39. McCready, *He Came Down from Heaven*, 82.
40. Cornelius Van Til, *Christian Apologetics*, Second edition. Ed., William Edgar (Phillipsburg, NJ.: P&R Publishing, 2003), 32.

Shemá, y asocia directamente a Jesús con el único Dios verdadero del Antiguo Testamento. Esta expresión de credo enfatiza no solo el monoteísmo, sino también la unidad de la creación y salvación, ambos actos no siendo posibles para una criatura, pero totalmente apropiados para y atribuibles al Dios Creador del teísmo judeocristiano.[41]

Considere, también, Romanos 9:5, que declara enfáticamente y con absoluta claridad que «[de Israel] son los patriarcas, y de quienes, según la carne, procede el Cristo, el cual está sobre todas las cosas, Dios bendito por los siglos. Amén». La lectura clara de este texto, «el Cristo, el cual está sobre todas las cosas» afirma la deidad de Jesús de Nazaret. No es un simple hombre, solamente un profeta, o un maestro sabio, él es el Hijo de Dios, y Dios el Hijo.[42] De hecho, el patrístico del siglo III, Orígenes (c. 185-254), interpretó esto en el sentido literal, como que «Cristo es el Dios que está sobre todo».[43]

Las epístolas de Pablo no son la única fuente de la cristología del primer siglo, sin embargo, igualmente importantes son los evangelios que también dan testimonio de la deidad de Jesús. Considere, por ejemplo, Mateo 11:27 donde Jesús dice: «Todas las cosas me han sido entregadas por mi Padre; y nadie conoce al Hijo, sino el Padre, ni nadie conoce al Padre, sino el Hijo, y aquel a quien el Hijo se lo quiera revelar». En otras palabras, el Padre y el Hijo se conocen mutuamente, y este conocimiento se da a conocer al hombre por la voluntad del Hijo. Si Jesús fue

---

41. A.C. Thiselton, *The New International Greek Testament Commentary: The First Epistle to the Corinthians* (Grand Rapids, MI.: W.B. Eerdmans, 2000), 636.
42. R.H. Mounce, *The New American Commentary, Vol. 27: Romans* (Nashville, TN.: Broadman & Holman Publishers, 1995), 197.
43. Citado en McCready, *He Came Down from Heaven*, 92.

un ser creado como Arrio supuso, ¿quién es él para decidir quién recibe la revelación de Dios y quién no? Sin embargo, si Jesús era el Hijo de Dios, de la misma naturaleza y esencia que el Padre, entonces tiene todo el derecho de revelar la verdad a unos y no a otros. Esta revelación no se produce por mera casualidad, o por el racionalismo del hombre, sino por la voluntad del Hijo de revelarse al mundo. El lugar crítico de Jesús en la revelación del Padre presupone su autoridad divina como Dios.[44]

El evangelio de Juan también exhibe una alta cristología, donde desde el principio está escrito «En el principio existía el Verbo, y el Verbo estaba con Dios, y el Verbo era Dios» (Jn 1:1). Se explica que este Verbo es Jesús, porque Juan escribe: «Y el Verbo se hizo carne, y habitó entre nosotros, y vimos su gloria, gloria como del unigénito del Padre, lleno de gracia y de verdad» (Jn 1:14). Haykin explica que estas declaraciones, incluyendo a Juan 10:30, deben leerse «como algo más que una simple afirmación de su unión con el Padre en pensamiento e intención. A la luz del contexto del evangelio, parece afirmar una unión de ser entre el Padre y el Hijo».[45]

Estos ejemplos de una alta cristología en los evangelios de Mateo y Juan no son más que muestras, sin embargo. Todo el Nuevo Testamento presenta las «H.A.N.D.S» de Jesús, es decir, según los eruditos del Nuevo Testamento Robert Bowman Jr. y Ed Komoszewski, que Jesús comparte los *Honores* de Dios (i.e., Mt 2:2, 11; 8:2; 9:18; 14:33; 15:25; 20:20; 28:9, 17), los *Atributos* de Dios (i.e., Mt 2:8-9; Jn 1:1; 14:9-10; 16:28), los *Nombres* de Dios (i.e., Mt 1:23; 3:3; Mr 1:3; Lc 3:4-6; Jn 8:58; Ro 9:5; 2 Pedro 1:11; 2:20; 3:18), los *Hechos* (*Deeds*) de Dios

---

44. Leon Morris, *The Pillar New Testament Commentary: The Gospel according to Matthew* (Grand Rapids, MI.: W.B. Eerdmans, 1992), 294-295.
45. Haykin, *The Church Fathers*, 9.

(i.e., Mr 2:7-9; Jn 1:1; 14:6; Hch 9:2; 19:9, 23; 22:4; 24:14, 22) y el *Asiento* (*Seat*) del trono de Dios (i.e., Mr 14:61-64; Lc 1:33; 1 Co 15:25-27; Heb 12:2).[46] Todos estos rasgos apuntan hacia su deidad y van más allá de lo que se esperaba de cualquier simple profeta en expresión, acción y pensamiento. Bowman y Komoszewski, en su libro *Putting Jesus in his Place*, usaron la siguiente tabla (Figura 1.1) para demostrar la «persona paradójica» de Jesús.[47]

Dios...	Pero Cristo...	Y sin embargo él...
Es eterno (Sal 90:2; Is 43:10)	Nació (Mt 1:18)	Siempre existió (Jn 8:58; Col 1:17)
Es inmutable (Sal 102:26-27)	Creció (Lc 2:40, 52)	Es también inmutable (Heb 1:10-12)
Es omnipresente (Sal 139:7-10)	Estaba en un lugar a la vez (Jn 11:21, 32)	Podría obrar desde lejos (Jn 4:46-54)
Sabe todas las cosas (Is 41:22-23)	No sabía el día ni la hora (Mr 13:32)	Sabía todas las cosas (Jn 16:30; 21:17)
Es incorpóreo (Jn 4:24)	Tiene un cuerpo (Jn 2:21; Col 2:9)	No puede ser visto (1 Ti 6:16)

---

46. Ver R.M. Bowman Jr. and J.E. Komoszewski, *Putting Jesus in His Place: The Case for the Deity of Christ* (Grand Rapids, MI.: Kregel Publications, 2007), 23.
47. *Ibid.*, 122-123.

No es un hombre (Nm 23:19)	Es un hombre (1 Ti 2:5)	Es también Dios (Jn 20:28)
No puede ser tentado (Stg 1:13)	Fue tentado (Heb 4:15)	No podía pecar (Jn 5:19)
No se cansa (Is 40:28)	Se cansó (Jn 4:6)	Hizo toda la voluntad de Dios (Jn 17:4)
No puede morir (1 Ti 1:17)	Murió (Fil 2:8)	No podía quitarle la vida (Jn 10:18)

Figura 1.1

El teólogo presbiteriano B.B. Warfield tiene razón en decir que la estructura y la dirección del Nuevo Testamento está «saturada» con la presuposición de la deidad de Cristo.[48] Jesús vino en forma de hombre, caminó como un hombre, habló como un hombre, comió como un hombre, y sin embargo se destacó entre los hombres como uno más alto, como uno de antes, y como uno que no está sujeto al pecado y la muerte. Es por esta razón que, al ver y tocar al Señor resucitado, Tomás se postró y dijo: «¡Señor mío y Dios mío!» Murray J. Harris, autor de *Jesus as God*, afirma que esta expresión de adoración a Cristo, reservada exclusivamente para Dios, es una perspectiva que «prevalece entre gramáticos, lexicógrafos, comentaristas y versiones en inglés».[49] Y aquellos que piensan que estos pasajes no son más

---

48. Benjamin B. Warfield, «The Deity of Christ» in *The Fundamentals: A Testimony to the Truth*, Vol. 1 (Chicago: Testimony Publishing Co., 1909), 23-26.
49. M.J. Harris, *Jesus as God: The New Testament Use of Theos in Reference to Jesus* (Eugene, OR.: Wipf & Stock Publishers, 2008), 110.

que perspectivas elevadas de los pocos discípulos que seguían la persona «creada» de Jesús deben considerar dos evidencias importantes: en primer lugar, Filipenses 2:5-11, y en segundo lugar, el testimonio extrabíblico.

Contrariamente al pensamiento común, Pablo no compuso Filipenses 2:5-11, sino que citó un himno que era cantado por la Iglesia del primer siglo, referido por los eruditos como el *Carmen Christi*. A pesar de la incertidumbre planteada por los eruditos liberales en cuanto a la naturaleza literaria de la cita, el erudito alemán Ernst Lohmeyer proporcionó un análisis convincente de la «estructura hímnica» del pasaje en su ensayo *Kyrios Jesus. Eine Untersuchung zu Philipper 2,5-11*.[50] Es un himno que exhibe una alta cristología cantada por una comunidad de creyentes en la vida temprana de la Iglesia, sirviendo como testimonio del consenso de los seguidores de Cristo. El texto dice:

> Haya, pues, en vosotros esta actitud
> que hubo también en Cristo Jesús,
> el cual, aunque existía en forma de Dios,
> no consideró el ser igual a Dios
> como algo a qué aferrarse,
> sino que se despojó a sí mismo
> tomando forma de siervo,
> haciéndose semejante a los hombres.
> Y hallándose en forma de hombre,
> se humilló a sí mismo,
> haciéndose obediente hasta la muerte,
> y muerte de cruz.

---

50. Ver C. Brown, «Ernst Lohmeyer's *Kyrios* Jesus» en *Where Christology Began: Essays on Philippians 2*, ed., R.P. Martin and B.J. Dodd (Louiseville: Westminster John Knox, 1998).

Por lo cual Dios también le exaltó hasta lo sumo,
y le confirió el nombre que es sobre todo nombre,
para que al nombre de Jesús se doble toda rodilla
de los que están en el cielo, y en la tierra,
y debajo de la tierra,
y toda lengua confiese que Jesucristo es Señor,
para gloria de Dios Padre.

El enfoque del *Carmen Christi* está en el ejemplo de la humildad y el sacrificio personal de Cristo, pero hace dos «declaraciones ontológicas importantes acerca de Jesús» según Haykin, que primero él «era en su naturaleza Dios» (2:6), y en segundo lugar, que antes de su encarnación, poseía «igualdad con Dios» (2:6).[51] Fieles a las Escrituras hebreas del Antiguo Testamento, el primer himno cristiano conserva la insistencia del monoteísmo judío y toda la gloria como atribuido a Dios solo.[52] En su estructura y dirección, el texto no puede reducirse a ninguna otra cosa, la interpretación verdadera y correcta del *Carmen Christi*, en el contexto de la epístola de Pablo, es la declaración de la naturaleza de Cristo como de Dios mismo.

Con respecto al testimonio extrabíblico, es decir, de fuentes paganas, podemos considerar dos ejemplos: Plinio el Joven (c. 61-113 d. C.), para empezar, fue nombrado gobernador romano de la provincia de Ponto y de Bithynia en 110 d. C.. Antes de su cargo de gobernador, sin embargo, fue asignado por el emperador Trajano para remediar la miseria económica de la provincia. Plinio examinó las costumbres de la vida provincial, buscando desarrollar un entendimiento del «nivel primario antes

---

51. Haykin, *The Church Fathers*, 8-9.
52. Bowman Jr. and Komoszewski, *Putting Jesus in His Place*, 58.

de instituir cambios significativos en la infraestructura de la provincia».[53] Mientras cumplía su responsabilidad con el emperador, se le presentaron muchos cristianos, quienes, desde la perspectiva del imperio, eran miembros de una religión ilegal que desafiaba a la religión estatal de Roma, es decir, al culto imperial. Plinio notó que estos cristianos se negaron a someterse a las autoridades romanas cuando involucraba negar su fe, y que los dioses romanos eran *anathema*, junto con la adoración del emperador.[54] Reflejando su método poco ético a las investigaciones, por las cuales los romanos de la época eran infames, Plinio torturó a los cristianos y extrajo de dos *ministrae*, es decir «diaconisas»,[55] que los cristianos cantaban «un himno antifonal a Cristo como a un dios».[56] Desde la perspectiva de Plinio, los cristianos adoraban a Jesús de Nazaret como el Dios de la tradición judía, por eso la Iglesia cristiana fue considerada al principio como una secta judía.

También está el satírico Luciano de Samosata (c. 125-180 d. C.), quien escribió en su libro satírico *El fallecimiento de Peregrinus*, que Cristo «persuadió [a los cristianos] de que todos son hermanos entre sí cuando niegan a los dioses griegos (quebrantando así nuestra ley), y comienzan a adorarlo, el sofista crucificado, y a vivir sus vidas de acuerdo con sus reglas».[57] Hay varias otras referencias además de estas dos anteriores al siglo IV d. C., todas afirmando que los cristianos sostuvieron una cristología ortodoxa antes de Arrio y su doctrina pervertida.

---

53. Haykin, *The Church Fathers*, 11.
54. Pliny the Younger, «Letters 10.96.8». *Attalus*. Accesado el 1 junio del 2018. http://www.attalus.org/old/pliny10b.html#96
55. Haykin, *The Church Fathers*, 11.
56. Pliny, «Letters 10.96.8».
57. Lucian of Samosata, «The Passing of Peregrinus». *Tertullian.org*. Accesado el 1 de junio del 2018. http://www.tertullian.org/rpearse/lucian/peregrinus.htm

Como concluye Haykin, «la afirmación de Brown de que, antes del Concilio de Nicea, a Cristo solo se le consideraba como un ser humano» se puede contrarrestar con los hechos de la historia entre el primer advenimiento de Cristo y el concilio de Nicea.[58]

0.4 Evidencia prenicena: La era apostólica

El credo de los apóstoles es otro ejemplo de las raíces prenicenas de la cristología ortodoxa. Se creía que cada apóstol había escrito una línea del credo, pero esto no es más que una leyenda popular de la tradición de la Iglesia.[59] La autoría de los apóstoles no puede ser verificada con ninguna certeza. Lo que se puede decir es que el catecismo antiguo refleja correctamente las creencias de los apóstoles de Jesús, ya que dice:

> Creo en Dios, Padre todopoderoso,
> Creador del cielo y de la tierra.
>
> Y en Jesucristo, su único Hijo, Señor nuestro,
> que fue concebido por el Espíritu Santo,
> nació de la virgen María,
> padeció bajo el poder de Poncio Pilato,
> fue crucificado, muerto y sepultado;
> descendió a los infiernos,
> al tercer día resucitó de entre los muertos,
> subió a los cielos,
> está sentado a la diestra de Dios Padre todopoderoso,
> y desde allí vendrá a juzgar a los vivos y a los muertos.

---

58. Haykin, *The Church Fathers*, 10.
59. Ben Myers, *The Apostles' Creed: A Guide to the Ancient Catechism* (Bellingham, WA.: Lexham Press, 2018), 3.

Creo en el Espíritu Santo,
la santa iglesia universal,
la comunión de los santos,
el perdón de los pecados,
la resurrección de la carne,
y la vida perdurable. Amén.[60]

Al comparar esta confesión temprana con la del concilio de Nicea, ya sea su primer escrito o su forma finalizada después del concilio de Calcedonia, es evidente que lo que hizo el concilio para protegerse contra la amenaza de la herejía fue tanto una ampliación como aclaración del antiguo credo.[61]

Aunque las fuentes documentadas son escasas para el credo de los apóstoles, *Sobre la Tradición Apostólica* de Hipólito, un documento del temprano siglo III, alude a las antiguas raíces del credo.[62] Según Hipólito de Roma (170-235 d. C.), cuando alguien iba a ser bautizado, se le preguntaba si primero creían en «Dios Padre Todopoderoso», y luego, en segundo lugar, si creía en «Cristo Jesús, el Hijo de Dios», y en tercer lugar, si creía en el «Espíritu Santo, la santa iglesia y la resurrección de los santos».[63] Este credo bautista es sorprendentemente similar a lo que ahora recitamos como el credo de los apóstoles, y el historiador de la Iglesia Philip Schaff lo afirma como el «catecumenado» de la Iglesia primitiva precediendo el bautismo.[64]

---

60. «Apostles' Creed». *Christian Reformed Church*. Accesado el 7 de junio del 2018. https://www.crcna.org/welcome/beliefs/creeds/apostles-creed

61. Myers, *The Apostles' Creed*, 3.

62. *Ibid*.

63. Ver Hippolytus, *On the Apostolic Tradition*, trad. por Alistair Stewart-Sykes (Yonkers, NY.: St. Vladimir's Seminary Press, 2001), 133-136.

64. Philip Schaff, *History of the Christian Church, Vol. II: Ante-Nicene Christianity* (Grand Rapids, MI.: Wm. B. Eerdmans Publishing Company,

El obispo Ireneo de Lyon (130-202 d. C.) le da más peso a una cristología temprana en su testimonio del triple canon que definió la fe de los primeros cristianos:

> La Iglesia, aunque dispersa por todo el mundo, incluso hasta los confines de la tierra, ha recibido de los apóstoles y sus discípulos esta fe: [Ella cree] en un Dios, el Padre Todopoderoso, Creador del cielo y la tierra, y el mar, y todo lo que hay en ellos; y en un Cristo Jesús, el Hijo de Dios, quien se encarnó por nuestra salvación; y en el Espíritu Santo, que proclamó a través de los profetas... los advientos, y el nacimiento de una virgen, y la pasión y la resurrección de los muertos, y la ascensión al cielo en la carne del amado Cristo Jesús, nuestro Señor, y su [futuro] manifestación del cielo en la gloria del Padre 'para juntar todas las cosas en una', y resucitar toda la carne de toda la raza humana, para que a Cristo Jesús, nuestro Señor y Dios, y Salvador, y Rey, según la voluntad del Padre invisible, 'toda rodilla se incline, de las cosas en el cielo, y las cosas en la tierra, y las cosas debajo de la tierra, y que toda lengua confiese' a Él, y que Él ejecute un juicio justo hacia todos... Como ya he observado, la Iglesia, habiendo recibido esta predicación y esta fe, aunque dispersa por todo el mundo, sin embargo, como si ocupara una sola casa, la preserva cuidadosamente. Ella también cree estos puntos [de la doctrina] como si tuviera una sola alma y un solo corazón, y los proclama, los enseña y los entrega con perfecta armonía, como si solo tuviera una boca. Porque, aunque las lenguas del mundo son diferentes, la importación de la tradición es la misma.[65]

1973 [orig. 1910]), 256.
65. Irenaeus of Lyons, «Against the Heresies 1.10.1-2». *Early Christian Writings*. Accesado el 30 de mayo del 2018. http://www.earlychristianwritings.

El credo puede entenderse mejor entonces como la «confesión popular» de la fe cristiana tal como lo expresa, por ejemplo, Ireneo. El erudito Ben Myers escribe que fue una «forma indígena de la respuesta de la Iglesia antigua al Cristo resucitado, quien ordenó a sus apóstoles 'hacer discípulos de todas las naciones, bautizándolos en el nombre del Padre y del Hijo y del Espíritu Santo'». (Mt 28:19-20).[66] Este antiguo catecismo cumplía dos funciones, en su primera instancia era instruccional, formulable para la memorización e inculcación, y en segundo lugar, era sacramental, utilizado como parte del rito bautista. Por un lado, es la enseñanza cristiana, por el otro, una promesa solemne de lealtad.[67] En lo que respecta a su contenido cristológico, Schaff escribe que la doctrina de Jesucristo como el Dios-hombre y Redentor sirvió como el «núcleo» de todos los credos bautismales, ya que estaba «sellada» en la totalidad de la vida y el culto de la Iglesia, «expresamente afirmada» por los padres de la Iglesia contra las herejías, «profesada» en el culto regular y las celebraciones anuales, y finalmente «encarnada» en todas las oraciones y doxologías de los santos.[68] Como afirma Schaff, «Desde el registro más antiguo, Cristo no fue objeto de admiración... sino de oración, alabanza y adoración, debidas solo a un ser divino, infinito y no creado».[69]

0.5 Evidencia prenicena: Los patrísticos de la Iglesia Primitiva

Pero el credo apostólico, junto con el texto del Nuevo Testamento y el testimonio extrabíblico de los paganos, no son las únicas

---

com/text/irenaeus-book1.html
66. Myers, *The Apostles' Creed*, 2-3.
67. *Ibid*, 4-5.
68. Schaff, *History of the Christian Church, Vol. II*, 545
69. *Ibid*.

evidencias prenicenas del consenso de la cristología temprana. La enseñanza de los patrísticos de la Iglesia también debe ser considerada, dado que ellos eran los líderes de la Iglesia siguiendo a los apóstoles. Ignacio de Antioquía (35-108 d. C.), por ejemplo, expresó en sus cartas una «fe fuerte y un amor abrumador de Cristo», lo que el erudito Bruce Metzger considera como «una de las mejores expresiones literarias del cristianismo» a finales del primero y temprano siglo segundo.[70] De hecho, Ignacio, obispo de Antioquía, escribió sus cartas de manera apologética, abordando la herejía del gnosticismo, que se estaba convirtiendo en una amenaza creciente para el credo de la Iglesia temprana. El gnosticismo, resultado de una síntesis entre la filosofía griega antigua y la teología cristiana, según Haykin, es la creencia de que «la encarnación de Cristo, y en consecuencia su muerte y resurrección, no ocurrió realmente».[71] Esto se debe a que, según la visión platónica de la metafísica, el mundo está dividido en dos niveles, el esquema de la materia-forma. La materia y las formas no se pueden reconciliar; por lo tanto, Cristo el perfecto no pudo haberse manifestado verdaderamente en la carne porque lo material es imperfecto y se resiste a la formación.

Es por esta razón que Ignacio escribió sus cartas, para afirmar la enseñanza apostólica de Cristo como «Dios encarnado», revelándose a sí mismo como la persona de Dios en carne humana.[72] Él es el *Logos*, el Verbo hecho carne, el Hijo unigénito y amado. No se puede confundir la teología de Ignacio, sus cartas dejan claro que él cree que Jesús es Dios, y que no fue creado antes de la creación, sino que permanece «con el Padre antes del comienzo

---

70. Citado en John E. Lawyer, Jr., «Eucharist and Martyrdom in the Letters of Ignatius of Antioch», *Anglican Theological Review* 73 (1991): 281.
71. Haykin, *The Church Fathers*, 14.
72. Citado en *Ibid*, 14.

de los tiempos».[73] Como concluye Haykin, «la afirmación de Ignacio de que Jesús estaba 'con el Padre' y la declaración de Juan de que el Verbo 'estaba con Dios' están señalando el mismo punto: Jesucristo o el Verbo ha disfrutado de una íntima y personal comunión con el Padre que es eterna en su naturaleza».[74]

Policarpo (69-155 d. C.), obispo de Esmirna y discípulo del apóstol Juan, según el testimonio de Ireneo, escribió en su *Carta a los filipenses* que los cristianos deben «creer en nuestro Señor Dios Jesucristo y en su Padre quien lo resucito de entre los muertos».[75] Justino Mártir (100-165 d. C.), un apologista cristiano, escribió en su *Primera Apologética* que «El Padre del universo tiene un Hijo; quien también, siendo la primera Palabra de Dios engendrado, es incluso Dios».[76] Clemente de Alejandría (150-215 d. C.) escribió en su *Exhortación a los paganos* que «Esta Palabra, entonces, el Cristo, la causa de nuestro ser al principio (porque Él estaba en Dios) y de nuestro bienestar, esta misma Palabra ahora ha aparecido como hombre, solo Él siendo ambos, tanto Dios como hombre».[77] Y Tertuliano (150-225 d. C.), otro de los primeros apologistas, escribió en su *Tratado sobre el alma* que «Porque solo Dios no tiene pecado; y el único hombre sin

---

73. Ignatius, «Letter to the Magnesians 6». *New Advent*. Trad. por Alexander Roberts and James Donaldson. Accesado el 2 de junio del 2018. http://www.newadvent.org/fathers/0105.htm
74. Haykin, *The Church Father*, 15.
75. Polycarp, «Philippians, 12:2». *New Advent*. Trad. por Alexander Roberts and James Donaldson. Accesado el 2 de junio del 2018. http://www.newadvent.org/fathers/0136.htm
76. Justin Martyr, «First Apology, 63». *Logos Library*. Trad. por Alexander Roberts and James Donaldson. Accesado el 2 de junio del 2018. http://www.logoslibrary.org/justin/apology1/63.html
77. Clemente de Alejandría, «Exhortation to the Heathen, 1». *New Advent*. Trad. por William Wilson. Accesado el 2 de junio del 2018. http://www.newadvent.org/fathers/020801.htm

pecado es Cristo, de modo que Cristo también es Dios».[78] Él es Dios eterno, para siempre preexistente, porque testifica que «el Padre, el Hijo y el Espíritu son inseparables».[79]

Incluso podemos recurrir a la *Carta a Diognetus*, un trabajo anónimo escrito en algún momento del siglo II d. C.., de alguien quien busca persuadir a un «pagano grecorromano con el nombre de Diognetus para que... se comprometa con la fe cristiana».[80] La alta cristología, similar a los otros escritos patrísticos, está encarnada en el texto, reflejando el consenso preniceno:

> [Jesús] es Aquel por quien todas las cosas fueron puestas en orden, determinado y sujetado, tanto los cielos como las cosas en los cielos, la tierra y las cosas en la tierra, el mar y las cosas en el mar, el fuego, el aire, el abismo, las cosas en las alturas y las profundidades y el reino en medio. Tal fue el único Dios que les envió. ...Con gentileza y mansedumbre lo envió, como un rey envía a su hijo que es un rey. Lo envió como Dios, lo envió como [hombre] a los hombres, lo envió como Salvador.[81]

Hay varios otros escritos de los primeros patrísticos que afirman la cristología de Jesús; y aunque la Iglesia ciertamente lucharía con los detalles de la persona de Cristo en relación al Padre y la naturaleza de su deidad, el consenso era que Jesús es Dios, no creado y eternamente engendrado. No se puede

---

78. Tertullian, «Treatise on the Soul, 41». *New Advent*. Trad. por Peter Holmes. Accesado el 2 de junio del 2018. http://www.newadvent.org/fathers/0310.htm
79. Tertullian, «Against Praxeas, 9». *New Advent*. Trad. por Peter Holmes. Accesado el 2 de junio del 2018. http://www.newadvent.org/fathers/0317.htm
80. Haykin, *The Church Father*, 15.
81. *Letter to Diognetus* 7.2.4. citado en *Ibid*.

negar que hay un elemento de misterio en esto, ya que como seres creados tenemos una comprensión limitada y finita de la realidad, y en particular, de lo eterno e infinito.

0.6 Las implicaciones de *homoousios* y *homoiousios*

Puede que ya se haya hecho evidente que la controversia arriana se trata de algo más que la naturaleza y la identidad del Hijo, se extiende a la deidad del Espíritu Santo y cuestione la constitución de la Santa Trinidad y la naturaleza de la encarnación, doctrinas centrales a la revelación cristiana.[82] Como había escrito anteriormente, en el año 350 d. C.., la secta arriana de los anomianos hizo hincapié en el término *anomoios* para el Hijo, que significaba completamente «diferente», en reacción al uso inicial del término *homoios* por parte de Arrio, que significaba «como» el Padre. Basilio de Ancira propuso *homoiousios* como un término medio para apaciguar a los arrianos, que significaba similitud de la esencia del Hijo con el Padre, y este se convirtió en el término acordado para el movimiento arriano. Pero las implicaciones de adoptar *homoiousios* para describir al Hijo resultan en una ruptura no intencionada de la teología cristiana, algo que Arrio parece haber ignorado voluntariamente. Esta es la razón por la cual el concilio de Nicea eligió, en su mayoría, mantener el *homoousios* del Hijo, eso siendo de «una esencia o sustancia divina como el Padre», y como resultado preservaron la armonía y la integridad de la teología cristiana al permanecer fieles a la clara enseñanza de la Escritura.[83]

---

82. Philip Schaff, *History of the Christian Church, Vol. III: Nicene and Post-Nicene Christianity* (Grand Rapids, MI.: Wm. B. Eerdmans, 1974 [orig. 1910]), 618.
83. *Ibid.*, 672.

Esto no era algo nuevo en la vida y el ministerio de la Iglesia, sino que era una articulación novedosa de lo que siempre había estado en la enseñanza de la Iglesia, o tal vez podría decirse, una articulación más específica del Padre, el Hijo y el Espíritu siendo de «uno en esencia, o consustancial. Están el uno en el otro, son inseparables, y no pueden concebirse el uno sin el otro» como lo expresa Schaff.[84] En su sentido literal, *Homoousios* significa, no identidad numérica, sino igualdad en esencia. Por lo tanto, la Iglesia no enseña la creencia en Dios como un ser y tres personas, sino que Dios es uno en tres personas, una «unidad solidaria».[85]

Arrio no veía a Dios de esta manera, sin embargo. No importa cuántos intercambios haya tenido con diferentes patrísticos, sostuvo lo que era el núcleo de la doctrina arriana, que Jesús no es igual, ni es de una esencia con el Padre. La iglesia, según Arrio, adora al Padre «como sin principio por causa de Aquel quien en el tiempo ha llegado a ser. Y lo adora como eterno, por Aquel quien en tiempo ha llegado a ser».[86] Atanasio con razón se opuso a esto, pues contradecía la enseñanza apostólica del Hijo, porque mientras el Nuevo Testamento enseñaba en su sencillez la unidad del Padre, el Hijo y el Espíritu, Arrio apareció en la escena pensando que el resto de la Iglesia había estado distorsionando las Escrituras por tres a cuatro siglos. Para él, el Hijo ni siquiera conoce su propia esencia, «porque, siendo Hijo, Él realmente existió por voluntad del Padre».[87] Él enseñó que Dios el Padre es solo autosubsistente (del griego *Agennetos*), inmaterial, y por lo tanto, sin pluralidad en su ser. Y que por la voluntad de Dios, el Hijo nació como una «criatura perfecta»,

---

84. Schaff, *History of the Christian Church*, 672.
85. *Ibid.*
86. Citado en Leithart, *Athanasius*, 3.
87. Citado en *Ibid.*, 4.

pero no «uno entre otros».[88] Por lo tanto, se puede decir, fiel al arrianismo, que Dios no siempre fue un padre, hubo un tiempo en que no tuvo un Hijo.[89] ¿Pero puede entonces decirse que Dios es inmutable? ¿No cambia su ser, al no ser Padre y luego convertirse en un Padre? ¿Qué pasa con sus atributos, como su amor y su relacionalidad? ¿Puede Dios ser amoroso y relacional si antes de tiempo no había nadie a quien Él pudiera amar y con quien relacionarse? Esto haría a Dios incapaz de amor y relacionalidad. Como escribe el erudito Donald MacLeod: «Sin [la eterna filiación] perdemos nuestra medida del amor divino... sin la eterna filiación la Trinidad se vuelve inaccesible e incomprensible».[90] Este no es un problema que plaga la teología bíblica; Dentro de la Trinidad de Dios, el Padre, el Hijo y el Espíritu expresan amor el uno por el otro y se relacionan entre sí. Por sus propiedades distintivas podemos distinguir «una persona de otra» dentro de la Deidad.[91] El arrianismo, sin embargo, encuentra complicaciones severas, cuyo principio es difuminar la distinción entre el Creador y la creación.

No importa cómo se intente hacerlo, la dirección monista de la teología arriana conduce ya sea a dos planos, el primero es que la creación es elevada a la divinidad, suficiente para decir que la creación puede considerarse divina. Arrio habría negado esto, pero entonces eso deja el otro plano: Dios se reduce al nivel de la criatura. Esto también habría sido negado por Arrio, es por esta razón qué Jesús no es completamente en esencia hombre, pero tampoco es en esencia Dios. Él no puede, sin embargo,

---

88. Williams, *Arius*, 98.
89. *Ibid.*, 100.
90. Donald MacLeod, *The Person of Christ: Contours of Christian Theology* (Downers Grove, IL.: InterVarsity Press, 1998), 128-129.
91. *Ibid.*, 129.

escapar de la inevitable dirección monista, porque Jesús siendo una criatura es adorado sin duda, y esto reduciría a los arrianos a la idolatría, adorando a la criatura en lugar del Creador.[92] Esta dirección monista es el resultado inevitable de difuminar la distinción entre el Creador y la creación, porque, como afirma Leithart, la idea principal de Atanasio en sus polémicas fue que «la teología arria de la 'otredad total' se derrumba en un monismo panteísta».[93]

0.7 El error epistemológico

La estructura y la dirección monistas del arrianismo reflejan la intención muy siniestra que subyace al sistema teológico, a saber: la preservación de la pretendida «autonomía» del hombre. Siempre ha sido el deseo del hombre natural, desde la caída, ser independiente de Dios existencial, epistemológica y moralmente. A diferencia de estar bajo la ley creacional y revelada de Dios, el hombre buscó reinventar su mundo y su vida, planteando una narrativa diferente, una realidad diferente, donde el hombre podría servir como la medida de todas las cosas. Es cierto que los paganos adoraban a los dioses falsos, pero detrás de esos dioses, el hombre era adorado, porque era el hombre el que actuaba como juez para determinar qué «dioses» existían, cómo debían ser adorados y cómo sus vidas debían reflejar esta realidad inventada. La palabra «autonomía» viene de dos palabras griegas, *auto* que se refiere al «ser mismo» y *nomos* que significa «ley». En otras palabras, «ser su misma ley», que es decir, ser una ley para uno mismo, un marcado contraste con estar bajo la ley de Dios. El apologista Greg L. Bahnsen lo expresó de esta manera:

---

92. Leithart, *Athanasius*, 23.
93. *Ibid.*, 2.

«Autonomía» se refiere a ser una ley para uno mismo, por lo que el pensamiento de uno es independiente de cualquier autoridad externa, incluyendo la de Dios. El razonamiento autónomo se toma filosóficamente como el último punto de referencia e interpretación, el tribunal supremo de apelación intelectual; Se presume que es autónomo, autodeterminado y autodirigido.[94]

La diferencia epistemológica entre Atanasio y Arrio es que, Atanasio trató la revelación de las Escrituras de Dios como su máxima autoridad para todo conocimiento, es decir, como el punto final de referencia e interpretación, mientras que Arrio sustituyó la palabra inspirada con él mismo como la corte suprema de apelación intelectual. A diferencia de adoptar la clara enseñanza de las Escrituras, las mismas presuposiciones de la palabra de Dios, le impuso su comprensión pagana arraigada en la filosofía griega antigua y, por lo tanto, leyó en el texto sagrado su propia perversión de la verdad. Atanasio se acercó a la palabra de Dios con una mente renovada en Cristo, habiendo sido regenerado por el Espíritu de Dios, pero Arrio se acercó con una mente caída y apóstata, imponiendo una filosofía pagana, inclinado a reprimir la verdad de Dios y en mantener la autonomía «fingida» del hombre.

De hecho, se puede demostrar que el arrianismo está íntimamente relacionado con la escuela aristotélica en lo que respecta a su enfoque filosófico, donde el sistema lógico es principalmente «desconcertar a un adversario», según el erudito del siglo XIX John Henry Newman, «o aun más, para detectar el error, en lugar

---

94. Greg L. Bahnsen, *Van Til's Apologetic: Readings & Analysis* (Phillipsburg, NJ.: P&R Publishing, 1998), 1.

de establecer la verdad».[95] La relación, sin embargo, va más allá de su modelo de investigación y debate y está arraigada en el hecho de que los sofistas, maestros filosóficos griegos, enseñaron a los arrianos y otros «líderes del cuerpo herético» que reconocían a Aristóteles como su principal autoridad.[96] El arte de la disputa de Arrio es el de un sofista. Otros arrianos, como Asterio de Petra (quien más tarde renunció al arrianismo), eran sofistas de profesión. Aecio de Antioquía fue enseñado en la Escuela de un aristotélico de Alejandría, y Eunomio, estudiante de Aecio, reconocido por la reconstrucción de la doctrina arriana al final del reinado de Constancio, era igualmente un aristotélico.[97] Esta comprensión de los orígenes arrianos se apoya en los escritos de Gregorio de Nazianzo (c. 276-374), Gregorio de Nisa (c. 335-395), Basilio de Cesarea (c. 329-379), Ambrosio de Milán (c. 340-397), y Cirilo de Jerusalén (c. 313-386), todos los cuales se expresan de Aristóteles como «el obispo de los arrianos».[98]

Las raíces filosóficas griegas del pensamiento arriano, por lo tanto, arrojan luz sobre su articulación del Padre y del Hijo, porque explican la estructura y la dirección de las «cuestiones de uso, metáfora y género en su exégesis» de Arrio.[99] Percibió caos en el retrato del mediador entre Dios y la creación en la palabra de Dios y trató de poner orden mediante el desarrollo de una supuestamente bíblica y «racionalmente consistente catequesis».[100] Es como intentando de explicar la relación de lo perfecto con lo imperfecto, el mundo de las formas con el mundo de

---

95. John Henry Newman, *The Arians of the Fourth Century* (USA: Assumption Press, 2004 [orig. 1833]), 19.
96. *Ibid.*
97. *Ibid.*, 19-20.
98. *Ibid.*, 20.
99. Williams, *Arius*, 111.
100. *Ibid.*

la materia, siguiendo el esquema griego de materia-forma. Sin embargo, a pesar de presentarse como defensor de la ortodoxia tradicional, se reveló aún más como un desviado de la teología ortodoxa y, en particular, de la cristología.[101] No fue informado principalmente por el texto de la Escritura, sino por su propio racionalismo, la autonomía radical típica del aristotelismo. Por eso ha sido difícil para los historiadores identificarlo con una cierta «escuela teológica», pues es una raza diferente de teólogo que sintetiza las presuposiciones filosóficas griegas con la teología bíblica y produce al final una religión idólatra.[102] Porque al negar la deidad del Hijo y elevar a la criatura ya sea al nivel del Creador, o reducir al Creador al nivel de la criatura, el hombre se presenta como igual en alguna forma, pero no en su naturaleza o esencia. Puede ser, aunque con el pretexto de la adoración religiosa de otro, su propio dios. No es de extrañar, entonces, que la teología arriana fuera tan popular entre las masas, ya que atendía a sus deseos caídos de ser como Dios de una manera impropia para una criatura.

0.8 Conclusión

En conclusión, el *Código DaVinci* de Brown no es más que una ficción en cuanto a su acusación de la manipulación de Constantino del credo de la Iglesia para deificar a Cristo. Si se hiciera un caso por la intromisión de Constantino, o los emperadores que lo siguieron, habría sido por la imposición de la teología arria en lugar de la ortodoxia tradicional. ¿Cuántas veces, por ejemplo, fue Atanasio exiliado porque se negó a ceder? Y aunque las masas estaban influenciadas por el arrianismo, la mayoría de los patrísticos seguían el ejemplo de Atanasio. Si

---

101. *Ibid.*, 115.
102. *Ibid.*

Atanasio hubiera cedido a las demandas del emperador, habría sido un golpe devastador para el movimiento de resistencia de los patrísticos. Sin embargo, Atanasio permaneció fiel durante la persecución, y los padres de la Iglesia lo siguieron, condenando a Arrio mucho más allá del concilio niceno de 325 d. C..

También se puede demostrar con el texto del Nuevo Testamento que los apóstoles afirmaron que Jesús es Dios el Hijo, coeterno y consustancial al Padre. Dado que estos textos son anteriores al concilio del siglo IV en Nicea, sirve como evidencia de que el arrianismo era la teología nueva, y no al revés. Ponlo junto con el *Carmen Christi*, que es el himno de la Iglesia del primer siglo, el testimonio de las fuentes paganas y luego el testimonio de los padres de la Iglesia prenicena, y resulta imposible afirmar que acusaciones similares a la de Brown son sostenibles. Se convierte en nada más que en teorías de conspiración sin fundamento, sin tener en cuenta los hechos históricos. Por lo tanto, en contra de la idea de San Atanasio o el concilio de Nicea como los fabricantes de un cristianismo cristológico, es decir, la santa fe centrado en el Dios-hombre Jesucristo, el patrístico del siglo IV d. C. y sus aliados posteriores en el concilio defendieron la cristología *ortodoxa* tal como preexistía el siglo IV. Son, lo que podríamos llamar, héroes de la verdadera fe.

Que sigamos el ejemplo y tomemos la bandera de la verdad bíblica en nuestra época, porque vivimos en un tiempo en que necesitamos hombres y mujeres con el espíritu de Atanasio, dispuestos a preservar y avanzar la verdad de Dios en un mundo confuso y caído, viviendo vidas dignas del apodo titular *Contra Mundum* para la gloria de Dios.

Ícono de San Atanasio, Patriarca de Alejandría, Santo y Doctor de la Iglesia

Sobre la Encarnación

San Atanasio

1.0 Nota del editor

La siguiente traducción español de *Sobre la Encarnación* de San Atanasio fue realizado por Steven R. Martins, director fundador del Cántaro Instituto, basada sobre el texto inglés de Philip Schaff, D.D., LL.D. (1819-1893), quien sirvió como profesor de Historia de la Iglesia en el Union Theological Seminary de Nueva York. Schaff también supervisó la traducción de «Athanasius: Select Works and Letters» como parte de la *Select Library of the Nicene and Post-Nicene Fathers of the Christian Church*. Sus traducciones al inglés de las obras de San Atanasio son disponibles en el dominio público.

Aunque el texto original del manuscrito de traducción ha sido conservado, se han realizado pequeñas ediciones para facilitar la experiencia de lectura. Por ejemplo, aunque el texto original de los encabezados de los capítulos se ha mantenido, se realizaron cambios en la numeración de los encabezados para simplicidad de referencia. Con respecto a las citas de las Escrituras, se ha mantenido la misma redacción que la traducción original, sin embargo, se han agregado notas a pie de página con referencias de las Escrituras. Además, el editor también ha agregado algunos comentarios a pie de página cuando fue considerado necesario para mayor claridad, y saltos de párrafo han sido introducidos en los casos en que los párrafos eran más de una página completa. Confiamos en que disfrutarás la lectura de esta obra maestra atemporal que ha impactado el testimonio de la Iglesia a lo largo de los siglos. *Soli Deo Gloria*

1.1 La creación y la caída

1.1.1 En nuestro libro anterior tratamos con suficiente detalle algunos de los puntos principales sobre la adoración pagana de los ídolos y cómo surgieron originalmente esos falsos temores.[1] También, por la gracia de Dios, indicamos brevemente que el Verbo del Padre es Él mismo divino, que todas las cosas que son deben su ser a su voluntad y poder, y que es a través de Él que el Padre da orden a la creación, por parte de Él que todas las cosas se mueven, y por medio de él que reciben su ser. Ahora, Macario,[2] verdadero amante de Cristo, debemos dar un paso más en la fe de nuestra santa religión, y considerar también el Verbo convirtiéndose en Hombre y su divina aparición en medio nuestro. Los judíos desprecian ese misterio, los griegos se burlan de él, pero nosotros lo adoramos; y tu propio amor y devoción por el Verbo también serán mayores, porque en su naturaleza humana Él parece tener muy poco valor. Porque es un hecho que mientras más incrédulos derraman desprecio sobre Él, tanto más se evidenciará su divinidad. Las cosas que ellos, como hombres, descartan como imposibles, Él claramente muestra como posibles; lo que ellos ridiculizan como impropio, su bondad lo hace más apropiado; y las cosas de las que estos sabios se ríen como «humano», Él, por su poder inherente, las declara divinas. Así, por lo que parece su absoluta pobreza y debilidad en la cruz, derriba la pompa y el desfile de ídolos, y de manera silenciosa y oculta se gana a los burladores e incrédulos para que lo reconozcan como Dios.

Ahora, al tratar con estos asuntos, primero es necesario recordar lo que ya se ha dicho. Debes entender por qué es que

---

[1]. Ver St. Athanasius, *Contra Gentes* [*Against the Heathens*]
[2]. Se cree que es Macarius de Jerusalén (ca. 335), sirvió como obispo de Jerusalén desde el año 312-335 d. C..

el Verbo del Padre, tan grande y tan alto, se ha manifestado en forma corporal. Él no ha asumido un cuerpo como propio a su propia naturaleza, para nada, porque como el Verbo no tiene cuerpo. Él se ha manifestado en un cuerpo humano solo por esta razón: por el amor y la bondad de su Padre, para la salvación de nosotros, los hombres. Comenzaremos, entonces, con la creación del mundo y con Dios su Creador, porque el primer hecho que debe comprenderse es el siguiente: la renovación de la creación ha sido forjado por el mismo Verbo que la creó en el principio. No hay, por lo tanto, incoherencia entre la creación y la salvación, ya que el único Padre ha empleado el mismo Agente para ambas obras, efectuando la salvación del mundo a través del mismo Verbo que lo creó en el principio.

1.1.2 En cuanto a la creación del universo y la creación de todas las cosas, ha habido diversas opiniones, y cada persona ha propinado la teoría que se adapta a su propio gusto. Por ejemplo, algunos dicen que todas las cosas son autooriginadas y, por así decirlo, azarosas. Los epicúreos están entre ellos; niegan que haya alguna Mente detrás del universo en absoluto. Este punto de vista es contrario a todos los hechos de la experiencia, su propia existencia incluida. Porque si todas las cosas hubieran llegado a ser, de esta manera automática, en lugar de ser el resultado de la Mente, aunque existieran, todas serían uniformes y sin distinción. En el universo todo sería sol o luna o lo que fuera, y en el cuerpo humano, el todo sería la mano, el ojo o el pie. Pero, de hecho, el sol, la luna y la tierra son cosas diferentes, e incluso dentro del cuerpo humano hay diferentes miembros, como el pie, la mano y la cabeza. Esta distinción de las cosas no argumenta una generación espontánea, sino una causa preveniente; y de esa Causa podemos aprehender a Dios, el Diseñador y Creador de todo.

Otros toman la opinión expresada por Platón, ese gigante entre los griegos. Dijo que Dios había hecho todas las cosas de la materia preexistente y no creada, así como el carpintero hace las cosas solo de la madera que ya existe. Pero aquellos que sostienen este punto de vista no se dan cuenta de que negar que Dios es Él mismo la Causa de la materia es imputarle una limitación, así como es sin duda una limitación por parte del carpintero que no pueda hacer nada a menos que tenga la madera. ¿Cómo podría llamarse Dios Creador y Artífice si su capacidad de hacer dependiera de alguna otra causa, principalmente de la materia misma? Si solo trabajó con la materia existente y no hizo Él mismo la materia, no sería el Creador, sino solo un artesano.

Luego, de nuevo, está la teoría de los gnósticos, que han inventado para sí mismos un Artífice de todas las cosas que no es el Padre de nuestro Señor Jesucristo. Estos simplemente cierran los ojos al significado obvio de la Escritura. Por ejemplo, el Señor, habiendo recordado a los judíos la declaración en Génesis: «El que los creó en el principio los hizo hombres y mujeres...», y después de haber demostrado que por esa razón un hombre debe dejar a sus padres y unirse a su esposa, continúa diciendo con referencia al Creador: «Lo que Dios ha unido, que ningún hombre lo separe».[3] ¿Cómo pueden concluir de eso una creación independiente del Padre? Y, de nuevo, San Juan, hablando del mundo entero, dice: «Todas las cosas llegaron a ser por medio de Él y sin Él nada llegó a ser».[4] Entonces, ¿cómo podría el Artífice ser alguien diferente del Padre de Cristo?

1.1.3 Tales son las nociones que los hombres presentan. Pero la impiedad de su discurso insensato es claramente declarada por la enseñanza divina de la fe cristiana. A partir de ella sabemos

---

3. Mateo 19:4-6
4. Juan 1:3

que, debido a que hay Mente detrás del universo, no se originó solo; porque Dios es infinito, no finito, no fue hecho de materia preexistente, sino de la nada y de la inexistencia absoluta Dios lo creó a través del Verbo. Dice lo mismo que en Génesis: «En el principio Dios creó los cielos y la tierra»,[5] y de nuevo a través de ese libro más útil *El Pastor*, «Cree ante todo que hay un Dios quien creó y arregló todas las cosas y las sacó de la inexistencia para les dio ser».[6] Pablo también indica lo mismo cuando dice: «Por fe entendemos que los mundos fueron formados por la Palabra de Dios, de modo que las cosas que vemos ahora no llegaron a ser de las cosas que habían aparecido anteriormente».[7] Porque Dios es bueno, o más bien, de toda bondad, es la Fuente primaria, y es imposible que alguien que es bueno sea pobre o mezquino sobre cualquier cosa. Por lo tanto, sin escatimar existencia a nadie ni nada, Él hizo todas las cosas de la nada a través de su propio Verbo, nuestro Señor Jesucristo, y de todas sus criaturas terrenales, reservó una misericordia especial para la raza de los hombres. Sobre ellos, por lo tanto, sobre los hombres que al igual que los animales eran esencialmente impermanentes, otorgó una gracia de la que otras criaturas carecían, a saber: la impresión de su propia imagen, una participación en el ser razonable del Verbo mismo, de modo que, reflejándolo a Él y ellos mismos llegando a ser razonables y expresando la Mente de Dios aun como Él lo hace, aunque en grado limitado, continuaran para siempre en la bendita y única vida verdadera de los santos en el paraíso. Pero como la voluntad del hombre podía girar en cualquier dirección, Dios aseguró esta gracia que

---

5. Génesis 1:1
6. *The Shepherd of Hermas*, Book II, I.
7. Hebreos 11:3

había dado al condicionarla desde el principio sobre dos cosas: a saber: una ley y un lugar.

Los puso en su propio paraíso, y les puso una sola prohibición. Si custodiaban la gracia y conservaban la belleza de su inocencia original, entonces la vida del paraíso sería suya, sin pena, dolor ni preocupación, y después de ella la seguridad de la inmortalidad en el cielo. Pero si se desviaban y se tornaban viles, desechando su derecho de nacimiento a la belleza, entonces entrarían bajo la ley natural de la muerte y ya no vivirían en el paraíso, sino que, muriendo fuera de este, continuarían en muerte y en corrupción. Esto es lo que la Sagrada Escritura nos dice, proclamando el mandato de Dios: «De todo árbol que está en el huerto ciertamente comerás, pero del árbol del conocimiento del bien y del mal no comerás, sino que, en el día en que comieres, sin duda morirás». «Sin duda morirás»; no solo morirás, sino que permanecerás en estado de muerte y corrupción.

1.1.4 Tal vez te preguntes por qué estamos discutiendo el origen de los hombres cuando nos propusimos hablar de que el Verbo se hizo hombre. El primer tema es relevante para el segundo por esta razón: fue nuestro lamentable estado lo que hizo que el Verbo descendiera, nuestra transgresión que llamó su amor por nosotros, de modo que se apresuró a ayudarnos y a aparecer entre nosotros. Somos nosotros la causa de que tomara la forma humana, y de que para nuestra salvación naciera en su gran amor y se manifestara en un cuerpo humano. Porque Dios había hecho al hombre así (es decir, como un espíritu encarnado), y era su voluntad que permaneciera en incorrupción. Pero los hombres, después de haber pasado de la contemplación de Dios a una maldad de su propia imaginación, cayeron inevitablemente bajo la ley de la muerte. En lugar de permanecer en el estado en el que Dios los había creado, estaban en proceso de corromperse por completo, y la muerte los tenía completamente bajo su dominio.

La transgresión del mandamiento los hacía volver de nuevo de acuerdo con su naturaleza; y así como al principio habían llegado a existir de la inexistencia, así ahora estaban de camino a volver, a través de la corrupción, a la inexistencia de nuevo. La presencia y el amor del Verbo los había llamado a ser; inevitablemente, por lo tanto, cuando perdieron el conocimiento de Dios, perdieron la existencia con Él; porque es solo Dios quien existe, el mal es el no-ser, la negación y la antítesis del bien. Por naturaleza, por supuesto, el hombre es mortal, ya que fue hecho de la nada; pero también lleva la semejanza de Aquel que es, y si conserva esa semejanza a través de la contemplación constante, entonces su naturaleza se ve privada de su poder y permanece incorrupto. Así se afirma en Sabiduría: «El guardar sus leyes es la garantía de la incorrupción».[8] Y siendo incorrupto, él sería de ahora en adelante como Dios, como dice la Sagrada Escritura, «He dicho: Sois dioses e hijos del Altísimo todos vosotros, pero morís como hombres y caéis como uno de los príncipes».[9]

1.1.5 Esta, entonces, era la difícil situación de los hombres. Dios no solo los había hecho de la nada, sino que también les había otorgado con gracia su propia vida por la gracia del Verbo. Entonces, pasando de las cosas eternas a las corruptibles, por consejo del diablo, se convirtieron en la causa de su propia corrupción en la muerte; pues, como he dicho antes, aunque por naturaleza estaban sujetos a corrupción, la gracia de su unión con el Verbo los hizo capaces de escapar de la ley natural, dado que conservaban la belleza de la inocencia con la que fueron

---

8. *Wisdom* 6:18
9. Salmo 82:6s

creados. Es decir, la presencia del Verbo con ellos los protegió incluso de la corrupción natural, como también dice Sabiduría: «Dios creó al hombre para la incorrupción y como imagen de su propia eternidad; pero por envidia del diablo la muerte entró al mundo».[10]

Cuando esto sucedió, los hombres comenzaron a morir, y la corrupción corrió desinhibida entre ellos y se levantó en influencia sobre ellos en un grado aún más que natural, porque era la penalidad de la que Dios les había prevenido por transgredir el mandamiento. De hecho, en su pecado, habían superado todos los límites; porque, después de haber inventado la maldad al principio y así se involucraron en la muerte y la corrupción, habían ido gradualmente de malo a peor, no deteniéndose en ningún tipo de mal, sino continuamente, como con apetito insaciable, ideando nuevos tipos de pecados. Los adulterios y los robos estaban por todas partes, el asesinato y la violación llenaban la tierra, la ley era ignorada en corrupción e injusticia, todo tipo de iniquidades eran perpetradas por todos, tanto por separado como en común. Las ciudades estaban en guerra con las ciudades, las naciones se levantaban contra las naciones, y toda la tierra era devastada con facciones y batallas, mientras que cada uno se esforzaba por sobrepasar al otro en iniquidad. Incluso los crímenes contrarios a la naturaleza no eran desconocidos, sino como dice el mártir apóstol de Cristo: «Sus mujeres cambiaron el uso natural por lo que es contra la naturaleza; y los hombres también, dejando el uso natural de la mujer, ardieron en lujuria el uno hacia el otro, perpetrando actos desvergonzados con su propio sexo, y recibiendo en sus propias personas la debida recompensa de su perversión».[11]

---

10. *Wisdom* 2:23s
11. Romanos 1:26s

1.2 El dilema divino y su solución en la encarnación

1.2.6 Vimos en el último capítulo que, debido a que la muerte y la corrupción estaban ganando cada vez más firme retención sobre ellos, la raza humana estaba en proceso de destrucción. El hombre, quien fue creado a imagen de Dios y en su posesión de la razón reflejaba al Verbo mismo, estaba desapareciendo, y la obra de Dios estaba siendo deshecha. La ley de la muerte, que siguió de la transgresión, prevalecía sobre nosotros, y de ella no había escapatoria. Lo que estaba sucediendo era en verdad increíble e inapropiado. Por supuesto, habría sido impensable que Dios se retractara de su palabra y que el hombre, habiendo transgredido, no muriera; pero era igualmente increíble que los seres que alguna vez habían compartido la naturaleza del Verbo perecieran y volvieran a ser inexistencias a través de la corrupción. Era indigno de la bondad de Dios que las criaturas hechas por Él fueran reducidas a nada a través del engaño hecho por el diablo sobre el hombre; y era supremamente inapropiado que la obra de Dios en la humanidad desapareciera, ya fuera por su propia negligencia o por el engaño de los malos espíritus.

Entonces, como las criaturas que había creado razonables, como el Verbo, de hecho estaban pereciendo, y tales obras nobles estaban en el camino a la ruina, ¿qué entonces iba a hacer Dios, siendo bueno? ¿Dejaría que la corrupción y la muerte hicieran con ellos lo que quisieran? En ese caso, ¿de qué servía haberlos hecho en un principio? Ciertamente habría sido mejor no haber sido creados en absoluto que, habiendo sido creados, ser descuidados y perecer; y, además de eso, tal indiferencia a la ruina de su propia obra ante sus propios ojos no argumentaría bondad en Dios, sino limitación, y eso mucho más que si nunca hubiera creado a los hombres en absoluto. Por lo tanto, era imposible que Dios dejara que el hombre fuera llevado por la corrupción, porque sería inapropiado e indigno de Sí mismo.

1.2.7 Sin embargo, aunque cierto es todo esto, no es todo el asunto. Como ya hemos señalado, era impensable que Dios, el Padre de la Verdad, se retractara de su palabra con respecto a la muerte para asegurar nuestra existencia continua. No podía negarse a Sí mismo; entonces, ¿qué debía hacer Dios? ¿Debía exigir el arrepentimiento de los hombres por su transgresión? Se podría decir que eso era digno de Dios, y argumentar más a fondo que, al igual que por medio de la Transgresión se sometieron a la corrupción, también por medio del arrepentimiento pudieran volver a la incorrupción de nuevo. Pero el arrepentimiento no guardaría la consistencia divina, porque, si la muerte no tenia el dominio sobre los hombres, Dios seguiría siendo mentiroso. El arrepentimiento tampoco hace volver a los hombres de lo que está de acuerdo con su naturaleza; todo lo que hace es hacer que cesen de pecar. Si hubiera sido solo un caso de una ofensa, y no de una corrupción posterior, el arrepentimiento habría sido lo suficientemente bueno; pero una vez que la transgresión había comenzado, los hombres entraron bajo el poder de la corrupción propia de su naturaleza y quedaron despojados de la gracia que les pertenecía como criaturas a la imagen de Dios.

No, el arrepentimiento no podía cumplir con el caso. ¿Qué, o más bien Quién, era necesario para tal gracia y el regreso que necesitábamos? ¿Quién, salvo el Verbo de Dios mismo, que también en el principio había hecho todas las cosas de la nada? Le correspondía, y únicamente a Él, llevar lo corruptible de vuelta a la incorrupción y mantener para el Padre su consistencia de carácter con todos. Pues solo Él, siendo Verbo del Padre y estando por encima de todo, era en consecuencia capaz de recrear a todos, y digno de sufrir en nombre de todos y de ser embajador para todos con el Padre.

1.2.8 Para este propósito, entonces, el Verbo incorpóreo, incorruptible e inmaterial de Dios entró en nuestro mundo. En un sentido, de hecho, no estaba lejos de él antes, porque ninguna parte de la creación había estado nunca sin Aquel quien, mientras siempre permaneció en unión con el Padre, sin embargo, llena todas las cosas que existen. Pero ahora entró en el mundo de una manera nueva, descendiendo a nuestro nivel en amor y revelándose a nosotros. Vio la raza razonable, la raza de los hombres que, como Él mismo, expresaba la mente del Padre, desperdiciando la existencia, y con la muerte reinando sobre todo en corrupción. Vio que la corrupción nos mantenía cada vez más cerca, porque era el castigo por la transgresión. También vio lo impensable que sería que la ley fuera derogada antes de que se cumpliera. Vio lo indecoroso que era que las mismas cosas de las que Él mismo era el Artífice estuvieran desapareciendo. Vio cómo la iniquidad superior de los hombres se estaba levantando contra ellos. Vio también la responsabilidad universal de ellos ante la muerte. Todo esto vio y, con lástima por nuestra raza, movido a compasión por nuestra limitación, incapaz de soportar que la muerte tuviera el dominio, en lugar de que Sus criaturas perecieran y la obra de su Padre por nosotros los hombres fuera reducida a nada, tomó sobre Sí mismo un cuerpo, un cuerpo humano incluso como el nuestro. Tampoco quiso simplemente encarnarse o aparecer; si eso hubiera sido así, podría haber revelado Su majestad divina de alguna otra manera. No, tomó nuestro cuerpo, y no solo eso, sino que lo tomó directamente de una virgen inmaculada, sin el albedrío de un padre humano, con un cuerpo puro, no contaminado por relaciones sexuales con un hombre.

El mismo, el Poderoso, el Artífice de todos, preparó este cuerpo en la virgen como templo para Sí mismo, y lo tomó como suyo, como el instrumento a través del cual fue conocido y en el que habitaba. Así, tomando un cuerpo como el nuestro, porque todos nuestros cuerpos eran susceptibles a la corrupción de la muerte, entregó su cuerpo a la muerte en lugar de todos, y se lo ofreció al Padre. Esto lo hizo por amor puro por nosotros, para que en su muerte todos murieran, y para que la ley de la muerte fuera abolida, porque, habiendo cumplido en su cuerpo aquello para lo cual fue asignado, fue desde ahí despojada de su poder sobre los hombres. Esto lo hizo para hacer volver de nuevo a la incorrupción a los hombres que se habían vuelto a la corrupción, y vivificarlos a través de la muerte por la apropiación de su cuerpo y por la gracia de su resurrección. Por lo tanto, haría que la muerte desapareciera de ellos tan completamente como la paja del fuego.

1.2.9 El Verbo percibió que la corrupción no podía deshacerse sino que a través de la muerte; sin embargo, Él mismo, como el Verbo, siendo inmortal y el Hijo del Padre, era tal que no podía morir. Por esta razón, por lo tanto, asumió un cuerpo capaz de morir, de modo que este, por pertenecer al Verbo que es sobre todo, llegara a ser en la muerte un intercambio suficiente para todos, y, permaneciendo incorruptible por causa de su morada en él, pudiera a partir de entonces poner fin a la corrupción para todos los demás también, por la gracia de la resurrección. Fue al entregar a la muerte el cuerpo que había tomado, como ofrenda y sacrificio libre de toda mancha, que inmediatamente abolió la muerte para sus hermanos humanos al ofrecer lo equivalente.

Porque naturalmente, como el Verbo de Dios estaba por encima de todo, cuando ofreció su propio templo e instrumento corporal como sustituto de la vida de todos, cumplió en la muerte todo lo que se requería. Naturalmente también, a través de esta unión del Hijo inmortal de Dios con nuestra naturaleza humana, todos los hombres fueron vestidos con incorrupción en la promesa de la resurrección. Porque la solidaridad de la humanidad es tal que, en virtud de la morada del Verbo en un solo cuerpo humano, la corrupción que acompaña la muerte ha perdido su poder sobre todos. Ya sabes cómo es cuando un gran rey entra en una gran ciudad y habita en una de sus casas; debido a su morada en esa casa única, toda la ciudad es honrada, y los enemigos y ladrones dejan de molestarla. También así es con el Rey de todos; Ha entrado en nuestra patria y habitado en un cuerpo en medio de los muchos, y en consecuencia los designios del enemigo contra la humanidad han sido frustrados y la corrupción de la muerte, que anteriormente los tenía en su poder, simplemente ha dejado de ser. Porque la raza humana habría perecido por completo si el Señor y el Salvador de todos, el Hijo de Dios, no hubiera venido entre nosotros para poner fin a la muerte.

1.2.10 Esta gran obra fue, en efecto, supremamente digna de la bondad de Dios. Un rey que ha fundado una ciudad, muy lejos de descuidarla cuando por el descuido de los habitantes es atacada por ladrones, la venga y la salva de la destrucción, teniendo en cuenta más bien su propio honor que el descuido del pueblo. Mucho más, entonces, el Verbo del Padre todo bondad no fue descuidado con la raza humana que había creado; sino que más bien, por la ofrenda de su propio cuerpo abolió la muerte en la que habían incurrido, y corrigió su descuido por su propia enseñanza. Así, por su propio poder restauró toda la naturaleza del hombre. Los propios discípulos inspirados del Salvador nos aseguran de esto. Leemos en un solo lugar: «Porque el amor de

Cristo nos constriñe, porque así juzgamos que, si uno murió en nombre de todos, entonces todos murieron, y Él murió por todos para que ya no vivamos para nosotros mismos, sino para Aquel que murió y resucitó de entre los muertos, nuestro Señor Jesucristo».[12]

Y de nuevo, otro dice: «Pero contemplamos a Aquel que ha sido hecho un poco más bajo que los ángeles, a Jesús, a causa del sufrimiento de la muerte, coronado con gloria y honor, para que por la gracia de Dios probara a la muerte en nombre de todo hombre».[13] El mismo escritor continúa señalando por qué era necesario que Dios el Verbo y ninguno otro se convirtiera en Hombre: «Porque correspondía a Aquel, para quien son todas las cosas y a través de quien son todas las cosas, al llevar a muchos hijos a la gloria, hacer perfecto al Autor de su salvación a través del sufrimiento». Quiere decir que el rescate de la humanidad de la corrupción era oficio apropiado solo para Aquel que los hizo al principio. Señala también que la Palabra asumió un cuerpo humano, expresamente para que ofrecerlo en sacrificio por otros cuerpos similares: «Como entonces los hijos son partícipes en carne y hueso, también Él mismo asumió lo mismo, a fin de que a través de la muerte redujera a nada al que tiene el poder de la muerte, es decir, al Diablo, y rescatara a aquellos quienes todas sus vidas fueron esclavizados por el miedo a la muerte».[14] Porque por el sacrificio de su propio cuerpo hizo dos cosas: Puso fin a la ley de la muerte que estorbaba nuestro camino; e hizo un nuevo comienzo de vida para nosotros, dándonos la esperanza de la resurrección.

---

12. 2 Corintios 5:14s
13. Hebreos 2:9ss
14. Hebreos 2:14s

Por el hombre la muerte ha ganado su poder sobre los hombres; por el Verbo hecho Hombre la muerte ha sido destruida y la vida levantada de nuevo. Eso es lo que dice Pablo, ese verdadero siervo de Cristo: «Porque como por el hombre vino la muerte, por el hombre vino también la resurrección de los muertos. Así como en Adán todos mueren, así en Cristo todos serán hechos vivos»,[15] y así sucesivamente. Ahora, por lo tanto, cuando morimos ya no lo hacemos como hombres condenados a muerte, sino como aquellos que estamos incluso ahora en proceso de levantarnos, esperando la resurrección de todos, «que en su debido tiempo Él manifestará»,[16] ese Dios que la hizo y nos la confirió.

Esta, entonces, es la primera causa de que el Salvador se convirtiera en Hombre. Sin embargo, hay otras cosas que muestran cuán apropiada es su bendita presencia entre nosotros; y estas ahora debemos pasar a considerar.

1.3 El dilema divino y su solución en la encarnación (continuación)

1.3.11 Cuando Dios todopoderoso estaba haciendo a la humanidad a través de su propio Verbo, percibió que ellos, debido a la limitación de su naturaleza, no podían por sí mismos tener conocimiento de su Artífice, el Incorpóreo y el No Creado. Se apiadó de ellos, por lo tanto, y no los dejó desprovistos del conocimiento de Sí mismo, para que su propia existencia no resultara insípida. ¿Para qué sirve la existencia de la criatura si no puede conocer a su Creador? ¿Cómo podrían los hombres ser seres razonables si no tuvieran conocimiento de la Palabra y la Razón del Padre, por medio de quien habían recibido su ser? No serían mejores que las bestias si no tuvieran conocimiento salvo de las

---

15. 1 Corintios 15:21s
16. 1 Timoteo 6:15

cosas terrenales; y ¿por qué debía Dios haberlos hecho en absoluto si no había tenido la intención de que lo conocieran? Pero, de hecho, el buen Dios les ha dado parte en su propia Imagen, es decir, en nuestro Señor Jesucristo, y los ha hecho incluso a ellos mismos según la misma Imagen y Semejanza. ¿Por qué? Simplemente para que por medio de este don de la semejanza de Dios en sí mismos percibieran la Imagen Absoluta, que es el Verbo mismo, y que a través de Él conocieran al Padre. Este conocimiento de su Creador es para los hombres la única vida realmente feliz y bendita.

Pero, como ya hemos visto, los hombres, tan necios como son, pensaron poco en la gracia que habían recibido y se apartaron de Dios. Profanaron su propia alma tan completamente que no solo perdieron su conocimiento de Dios, sino que inventaron por sí mismos otros dioses de diversos tipos. Ellos crearon ídolos para sí mismos en lugar de la verdad y veneraron cosas que no son, en lugar de Dios quien es, como dice San Pablo, «adorando a la criatura en lugar del Creador».[17] Además, y mucho peor, transfirieron el honor que a Dios se debe a objetos materiales como la madera y la piedra, y también al hombre; y fueron incluso más allá, como dijimos en nuestro libro anterior. De hecho, tan impíos eran que adoraban a los espíritus malignos como dioses en satisfacción de sus deseos. Sacrificaban bestias brutas y hombres inmolados, como paga justa a estas deidades, poniéndose así cada vez más bajo su control loco. También enseñaban entre ellos artes mágicas, los oráculos en diversos lugares desviaban a los hombres, y la causa de todo en la vida humana se remontaba a las estrellas como si nada existiera más que lo que se podía ver. En pocas palabras, la impiedad y la anarquía estaban en todas partes, y ni Dios ni su Verbo eran conocidos.

---

17. Romanos 1:25

Sin embargo, Él no se había escondido de la vista de los hombres ni había otorgado el conocimiento de Sí mismo de una sola manera; sino que más bien lo había desarrollado de muchas formas y de muchas maneras.

1.3.12 Dios conocía la limitación de la humanidad, ya ves; y aunque la gracia de ser hechos a su Imagen era suficiente para darles conocimiento del Verbo y a través de Él del Padre, como salvaguarda contra su descuido de esta gracia, proporcionó las obras de la creación también como medios por los cuales el Creador podría ser conocido. No solamente había todo esto. El descuido del hombre de la gracia en su interior tiende a aumentar; y contra esta fragilidad adicional también Dios promulgó dándoles una ley, y enviando profetas, hombres a quienes conocían. Por lo tanto, si llegaban a mirar hacia el cielo tarde, aun así podían obtener conocimiento de su Creador de los que están cerca; porque los hombres pueden aprender directamente sobre cosas más altas de otros hombres.

Por lo tanto, se abren tres maneras, mediante las cuales podían obtener el conocimiento de Dios. Podían mirar hacia la inmensidad del cielo, y meditando en la armonía de la creación llegar a conocer a su Gobernante, el Verbo del Padre, cuya providencia que gobierna todo da a conocer al Padre a todos. O, si esto estaba más allá de ellos, podían conversar con hombres santos, y a través de ellos aprender a conocer a Dios, el artífice de todas las cosas, el Padre de Cristo, y a reconocer la adoración de los ídolos como la negación de la verdad y llena de toda impiedad. O bien, en tercer lugar, podrían dejar de ser tibios y llevar una buena vida simplemente conociendo la ley. Porque la ley no fue dada solo para los judíos, ni fue únicamente por su bien que Dios envió a los profetas, aunque fue a los judíos que fueron enviados y por los judíos que fueron perseguidos. La ley y los profetas eran una escuela sagrada del conocimiento de Dios y de la conducta de la vida espiritual para todo el mundo.

Tan grande, de hecho, eran la bondad y el amor de Dios. Sin embargo, los hombres, inclinados por los placeres del momento y por los fraudes e ilusiones de los malos espíritus, no levantaron la cabeza hacia la verdad. Estaban tan agobiados con su iniquidad que parecían más bien bestias brutas y hombres razonables reflejando la misma Semejanza del Verbo.

1.3.13 ¿Qué debía hacer Dios frente a esta deshumanización de la humanidad, este ocultamiento universal del conocimiento de Sí mismo por las artimañas de los malos espíritus? ¿Debía guardar silencio ante un mal tan grande y dejar que los hombres siguieran siendo engañados y mantenidos en la ignorancia de Él? Si es así, ¿de qué sirve haberlos hecho a su propia imagen originalmente? Seguramente habría sido mejor para ellos siempre haber sido brutos, en lugar de retroceder a esa condición cuando una vez habían compartido la naturaleza del Verbo. Una vez más, siendo así las cosas, ¿de qué servía haber tenido el conocimiento de Dios? Seguramente habría sido mejor para Dios no haberlo otorgado, en vez de que los hombres se encontraran luego indignos para recibirlo. Del mismo modo, ¿de qué beneficio podría ser para Dios mismo, quien hizo a los hombres, si cuando los hizo no lo adoraron, sino que consideraron a otros como sus creadores? Esto equivaldría a que Él los hubiera hecho para los demás y no para Sí mismo. Incluso un rey terrenal, aunque solo es un hombre, no permite que las tierras que ha colonizado pasen a otras manos o que deserten en pos de otros gobernantes, sino que envía cartas y amigos e incluso los visita él mismo para recordarles de su lealtad, en lugar de permitir que su obra sea deshecha. Cuánto más, entonces, será Dios paciente y sufriente con sus criaturas, de modo que no se desvíen de Él al servicio de los que no lo son, y más aún porque tal error significa para ellos pura ruina, y porque no es correcto que aquellos que una vez habían compartido su imagen fueran destruidos.

Entonces, ¿qué debía hacer Dios? ¿Qué más podría hacer, siendo Dios, sino renovar su Imagen en la humanidad, para que a través de ella los hombres volvieran a conocerlo? ¿Y cómo podría hacerse esto, sino por la venida de la Imagen Misma, nuestro Salvador Jesucristo? Los hombres no podrían haberlo hecho, porque solo fueron creados como un reflejo de la imagen; ni los ángeles podrían haberlo creado, porque no son las imágenes de Dios. El Verbo de Dios vino en su propia Persona, porque era solo Él, la Imagen del Padre, quien podía recrear al hombre creado según la Imagen.

Para llevar a cabo esta recreación, sin embargo, primero tuvo que eliminar la muerte y la corrupción. Por lo tanto, asumió un cuerpo humano, para que en él la muerte pudiera ser destruida de una vez por todas, y para que los hombres pudieran ser renovados de acuerdo a la Imagen. Solo la Imagen del Padre era suficiente para suplir esta necesidad. Aquí hay una ilustración para probarlo.

1.3.14 Sabes lo que sucede cuando un retrato que ha sido pintado en un lienzo se borra por causa de manchas externas. El artista no tira el lienzo, sino que el sujeto del retrato tiene que venir y sentarse ante él de nuevo, y luego la semejanza se vuelve a dibujar en el mismo material. Así fue con el Santo Hijo de Dios. Él, la Imagen del Padre, vino y habitó en medio de nosotros, para renovar a la humanidad hecha según Él mismo, y para buscar a sus ovejas perdidas, tal como dice en el evangelio: «Vine a buscar y a salvar lo que se había perdido».[18] Esto también explica sus

---

18. Lucas 19:10

palabras a los judíos: «Salvo que un hombre nazca de nuevo...»[19] ya que no se refería al nacimiento natural de un hombre de su madre, como pensaron, sino al renacimiento y la recreación del alma a la Imagen de Dios.

Tampoco era esto lo único que solo el Verbo podía hacer. Cuando la locura de la idolatría y la irreligión llenaron el mundo y el conocimiento de Dios se escondió, ¿a quién le correspondía enseñar al mundo acerca del Padre? ¿Al hombre, dirías? Pero los hombres no pueden correr por todas partes del mundo, ni sus palabras tendrían suficiente peso si lo hicieran, ni serían, sin ayuda, capaces de enfrentar a los malos espíritus. Además, dado que incluso los mejores hombres estaban confundidos y cegados por el mal, ¿cómo podrían convertir las almas y las mentes de los demás? No puedes corregir en los demás lo que está deformado en ti mismo. Tal vez digas, entonces, que la creación era suficiente para enseñar a los hombres acerca del Padre. Pero si eso hubiera sido así, tales grandes males nunca habrían ocurrido. La creación ha estado allí todo el tiempo, pero no impidió que los hombres se revolcaran en el error. Una vez más, entonces, era el Verbo de Dios, quien ve todo lo que está en el hombre y mueve todas las cosas en la creación, el único que podía satisfacer las necesidades de la situación. Le correspondía a Él y solo a Él, cuyo orden del universo revela al Padre, renovar la enseñanza misma. Pero, ¿cómo iba a hacerlo? Por los mismos medios que antes, tal vez dirás, es decir, a través de las obras de la creación. Pero esto se demostró insuficiente. Los hombres habían descuidado la consideración de los cielos antes, y ahora estaban mirando en la dirección opuesta. Por lo tanto, con toda naturalidad y condición física, deseando hacer el bien a los hombres, como hombre Él mora, tomando para Sí mismo un cuerpo como el

---

19. Juan 3:3

resto; y a través de sus acciones realizadas en ese cuerpo, como si fueran a su propio nivel, enseña a aquellos que no aprenderían por otros medios a conocerlo a Él, el Verbo de Dios, y por medio de Él al Padre.

1.3.15 Él trata con ellos como un buen maestro con sus alumnos, bajando a su nivel y utilizando medios sencillos. San Pablo dice lo siguiente: «Porque en la sabiduría de Dios el mundo en su sabiduría no conoció a Dios, Dios pensó apropiado a través de la simplicidad de las Noticias proclamadas salvar a los que creen».[20] Los hombres se habían desviado de la contemplación de Dios arriba, y lo estaban buscando en la dirección opuesta, entre las cosas creadas y las cosas sentidas. El Salvador de todos nosotros, el Verbo de Dios, en su gran amor tomó para Sí un cuerpo y se movió como Hombre entre los hombres, saliendo al encuentro de sus sentidos, por así decirlo, a mitad del camino. Él se convirtió en un objeto para los sentidos, para que aquellos que buscaban a Dios en cosas sentidas pudieran conocer al Padre a través de las obras que Él, el Verbo de Dios, realizó en el cuerpo. Los hombres, siendo humanos y centrados en los humanos, por lo tanto, a cualquier lado que miraban en el mundo sentido encontraban que eran enseñados la verdad. ¿Sintieron asombro ante la creación? La vieron confesando a Cristo como Señor. ¿Acaso sus mentes se inclinaron a considerar a los hombres como dioses? La singularidad de las obras del Salvador lo marcaron, el único entre los hombres, como Hijo de Dios. ¿Fueron atraídos a espíritus malignos? Los vieron expulsados por el Señor y aprendieron que solamente el Verbo de Dios era Dios y que los espíritus malignos no eran dioses en absoluto. ¿Estaban inclinados a la adoración del héroe y al culto de los muertos? Entonces el hecho de que el Salvador hubiera

---

20. 1 Corintios 1:21

resucitado de entre los muertos les mostró cuán falsas eran estas otras deidades, y que el Verbo del Padre es el único verdadero Señor, el Señor incluso de la muerte. Por esta razón, nació y se manifestó como Hombre, por eso murió y resucitó, para que, eclipsando por sus obras todas las demás obras humanas, pudiera llamar a los hombres de todos los caminos del error a conocer al Padre. Como Él mismo dice: «Vine a buscar y a salvar lo que estaba perdido».[21]

1.3.16 Cuando, entonces, las mentes de los hombres habían caído finalmente al nivel de las cosas sentidas, el Verbo se sometió a aparecer en un cuerpo, para que Él, como Hombre, pudiera centrar sus sentidos en Sí mismo y convencerlos mediante sus actos humanos de que Él mismo no es solo hombre, sino también Dios, Verbo y Sabiduría del verdadero Dios. Esto es lo que Pablo quiere decirnos cuando dice: «Que vosotros, estando arraigados y establecidos en el amor, seáis fuertes para aprehender con todos los santos cuál sea la longitud, la anchura, la altura y la profundidad, y para conocer el amor de Dios que supera el conocimiento, para que seáis llenos hasta toda la plenitud de Dios».[22]

La autorrevelación del Verbo se da en todas las dimensiones: arriba, en la creación; abajo, en la encarnación; en la profundidad, en el Hades; en la amplitud, en todo el mundo. Todas las cosas han sido llenas con el conocimiento de Dios. Por esta razón, Él no ofreció el sacrificio en nombre de todos inmediatamente cuando vino, porque si hubiera entregado su cuerpo a la muerte y lo hubiera resucitado de inmediato, habría dejado de ser objeto de nuestros sentidos. En lugar de eso, se quedó en su cuerpo y se dejó ver en él, haciendo actos y dando señales que mostraban no solo que era hombre, sino también Dios el Verbo.

---

21. Lucas 19:10
22. Efesios 3:17ss

Hubo así dos cosas que el Salvador hizo por nosotros haciéndose hombre. Él desterró la muerte de nosotros y nos hizo de nuevo; e, invisible e imperceptible como en Sí mismo Él es, se hizo visible a través de sus obras y se reveló a Sí mismo como el Verbo del Padre, el Soberano y el Rey de toda la creación.

1.3.17 Existe una paradoja en esta última declaración que debemos examinar ahora. El Verbo no fue cubierto por su cuerpo, ni su presencia en el cuerpo impidió que Él estuviera presente en otras partes también. Cuando Él movía su cuerpo, no cesaba también de dirigir el universo por su Mente y su Poderío. No. La maravillosa verdad es que, siendo el Verbo, tan lejos de ser Él mismo contenido por cualquier cosa, Él realmente contenía todas las cosas. En la creación, Él está presente en todas partes, pero es distinto en ser de ella; ordenando, dirigiendo, dando vida a todos, conteniendo a todos, sin embargo, Él mismo es el Incontenible, existiendo únicamente en su Padre. Al igual que con el todo, también lo es con la parte. Existiendo en un cuerpo humano, al que Él mismo da vida, Él es todavía Fuente de vida para todo el universo, presente en cada parte de él, pero fuera del todo; y Él es revelado tanto a través de las obras de su cuerpo como a través de su actividad en el mundo. Es, de hecho, la función del alma contemplar cosas que están fuera del cuerpo, pero no puede energizarlas ni moverlas. Un hombre no puede transportar cosas de un lugar a otro, por ejemplo, simplemente pensando en ello; ni tú ni yo podemos mover el sol y las estrellas por simplemente sentarnos en casa y mirarlos. Sin embargo, con el Verbo de Dios en su naturaleza humana, era de otra manera. Su cuerpo no era para Él una limitación, sino un instrumento, de modo que Él estaba en él y en todas las cosas, y fuera de todas las cosas, descansando solo en el Padre. Al mismo tiempo —esta es la maravilla— como Hombre estaba viviendo una vida humana, y como Verbo sostenía la vida del universo, y como Hijo estaba en constante unión con el Padre. Ni siquiera su nacimiento de virgen, por lo tanto, lo cambió de ninguna manera, ni fue contaminado por estar en el cuerpo. Más bien, Él santificó el cuerpo al estar en él. Porque su estar en todo no significa que Él comparta la naturaleza de todo, sino que Él da a todas las cosas su ser y las sostiene en él. Así como el sol no se contamina cuando sus rayos tocan los objetos terrenales, sino que los ilumina y purifica, así el que hizo el sol no es contaminado por ser dado a conocer en un cuerpo, sino que el cuerpo es purificado y avivado por su morada en él, «quien no pecó, ni fue hallado engaño en su boca».[23]

1.3.18 Debes entender, por lo tanto, que cuando los escritores sobre este tema sagrado hablan de Él como que comió y bebió y nació, quieren decir que el cuerpo, como un cuerpo, nació y se sostenía con el alimento propio de su naturaleza; mientras que Dios el Verbo, que estaba unido a él, ordenaba al mismo tiempo el universo y se revelaba a Sí mismo a través de sus actos corporales no solo como hombre, sino como Dios. Se dice con razón que esos actos son sus actos, porque el cuerpo que los hizo pertenecía de hecho a Él y a ningún otro; además, era correcto que así se le atribuyeran a Él como Hombre, para demostrar que su cuerpo era real y no meramente una apariencia. De actos tan ordinarios como nacer y comer, Él fue reconocido como que realmente estaba presente en el cuerpo; pero por los actos extraordinarios que Él hizo a través del cuerpo, demostró ser el Hijo de Dios. Ese es el significado de sus palabras a los judíos incrédulos: «Si no hago las obras de mi Padre, no me

---

23. 1 Pedro 2:22

creáis; pero si las hago, aunque no me creáis, creed a obras, para que sepáis que el Padre está en Mí y Yo en el Padre».[24]

Invisible en Sí mismo, Él es conocido por las obras de la creación; así también, cuando su Deidad está velada en la naturaleza humana, sus actos corporales aún le declaran no solo ser hombre, sino Poder y Verbo de Dios. Hablar con autoridad a los espíritus malignos, por ejemplo, y echarlos fuera, no es humano, sino divino; y ¿quién podría verlo sanando todas las enfermedades a las que la humanidad es propensa, y todavía considerarlo un mero hombre y no también Dios? Limpió a los leprosos, hizo caminar a los cojos, abrió los oídos de los sordos y los ojos de los ciegos, no hubo enfermedad ni debilidad que no alejara. Incluso el observador más casual puede ver que estos fueron actos de Dios. La sanidad del hombre que nació ciego, por ejemplo, ¿quién sino el Padre y el Artífice del hombre, el Controlador de todo su ser, podía así restaurar la facultad que le fue negada al nacer? Aquel que lo hizo debe ser Él mismo el Señor del nacimiento. Esto se demuestra también al comienzo de su encarnación en Hombre. Él formó su propio cuerpo a partir de la virgen; y eso no es poca prueba de su Deidad, ya que Él que hizo eso fue el Hacedor de todo lo demás. ¿Y no deduciría nadie del hecho de que ese cuerpo fuese engendrado de una virgen solamente, sin padre humano, que Aquel que apareció en él fuera también el Hacedor y Señor de todo los demás?

Una vez más, considera el milagro en Caná. ¿Acaso no entendería quien vio la sustancia del agua transmutada en vino, que Él, quien lo hizo, era el Señor y Hacedor del agua que Él mismo cambió? Fue por la misma razón que Él caminó sobre el mar como en tierra seca, para demostrar a los espectadores que Él tenía dominio sobre todo. Y la alimentación de la multitud,

---

24. Juan 10:37-38

cuando convirtió lo poco en mucho, de modo que de cinco panes se llenaron cinco mil bocas, ¿no demostraba eso que Él era el Señor mismo, cuya Mente está por encima de todo?

1.4 La muerte de Cristo

1.4.19 Todas estas cosas el Salvador consideró conveniente hacer, para que, reconociendo sus actos corporales como obras de Dios, los hombres ciegos a su presencia en la creación recuperaran el conocimiento del Padre. Porque, como dije antes, ¿quién que vio su autoridad sobre los espíritus malignos y su respuesta a ella podría dudar de que Él fuera, en verdad, el Hijo, la Sabiduría y el Poder de Dios? Incluso la misma creación rompió el silencio a su petición y, maravilloso de relatar, confesó con una sola voz ante la cruz, ese monumento de victoria, que Aquel que sufría en el cuerpo no era solo hombre, sino Hijo de Dios y Salvador de todos. El sol veló su rostro, la tierra tembló, los montes se partieron, todos los hombres se asombraban. Estas cosas mostraron que Cristo en la cruz era Dios, y que toda la creación era su esclava y estaba dando testimonio por su temor de la presencia de su Amo.

Así, pues, Dios el Verbo se reveló a los hombres a través de sus obras. Debemos considerar el fin de su vida terrenal y la naturaleza de su muerte corporal. Este es, de hecho, el centro mismo de nuestra fe, y en todas partes oyes a los hombres hablar de ella; también por ella, no menos que por sus otros actos, Cristo es revelado como Dios e Hijo de Dios.

1.4.20 Hemos tratado, en la medida en que las circunstancias y nuestro propio entendimiento lo permiten, la razón de su manifestación corporal. Hemos visto que cambiar lo corruptible a incorruptible no correspondía a nadie más que al Salvador mismo, que en el principio hizo todas las cosas de la nada; que solo la Imagen del Padre podía recrear la semejanza de la Imagen en los hombres, que nadie salvo nuestro Señor Jesucristo podía dar a los mortales inmortalidad, y que solo el Verbo que ordena todas las cosas y es solo el Hijo verdadero y unigénito del Padre podría enseñar a los hombres acerca de Él y abolir la adoración de los ídolos. Pero más allá de todo esto, había una deuda que debía pagarse; pues, como dije antes, todos los hombres debían morir. Aquí, pues, está la segunda razón por la cual el Verbo habitó entre nosotros, a saber: para que, habiendo demostrado su Deidad por sus obras, pudiera ofrecer el sacrificio en nombre de todos, entregando su propio templo a la muerte en lugar de todos, para pagar la deuda del hombre con la muerte y liberarlo de la transgresión primordial. En el mismo acto también Él se mostró más poderoso que la muerte, mostrando su propio cuerpo incorruptible como las primicias de la resurrección.

No debes sorprenderte si repetimos ideas al tratar este tema. Estamos hablando del buen placer de Dios y de las cosas que Él en su sabiduría amorosa pensó que era apropiado hacer, y es mejor poner lo mismo de varias maneras que correr el riesgo de dejar algo por fuera. El cuerpo del Verbo, entonces, siendo un verdadero cuerpo humano, a pesar de haber sido formado de forma única a partir de una virgen, era de sí mismo mortal y, como otros cuerpos, susceptible a la muerte. Pero el interior del Verbo lo liberó de esta responsabilidad natural, de modo que la corrupción no podía tocarlo. Así sucedió que dos maravillas opuestas ocurrieron a la vez: la muerte de todos fue consumada en el cuerpo del Señor; sin embargo, debido a que el Verbo estaba en él, la muerte y la corrupción fueron completamente abolidas en el mismo acto. Tenía que haber muerte, y muerte para todos, para que se pagara la deuda de todos. Por tanto, el Verbo, como dije, siendo Él mismo incapaz de morir, asumió un cuerpo mortal, para ofrecerlo como suyo en lugar de todos, y sufriendo por el bien de todos a través de su unión con él, «reducir a nada al que tenía el poder de la muerte, es decir, al diablo, y librar a los que toda su vida estuvieron esclavizados por el temor a la muerte».[25]

1.4.21 No teman entonces. Ahora que el Salvador común de todos ha muerto en nuestro nombre, nosotros que creemos en Cristo ya no moriremos como murieron los hombres antes, en cumplimiento de la amenaza de la ley. Esa condenación ha llegado a su fin; y ahora que, por la gracia de la resurrección, la corrupción ha sido desterrada y acabada, somos liberados de nuestros cuerpos mortales en el buen tiempo de Dios para cada uno, para que así podamos obtener una resurrección mejor. Como semillas echadas en la tierra, no perecemos en nuestra disolución, sino que como ellas resucitaremos, habiendo sido destruida la muerte por la gracia del Salvador. Es por eso que el bendito Pablo, a través de quien todos tenemos la seguridad de la resurrección, dice: «Esto corruptible debe vestirse de incorrupción y esto mortal debe vestirse de inmortalidad; pero cuando esto corruptible se haya vestido de incorrupción y esto mortal se haya vestido de inmortalidad, entonces se cumplirá la palabra que está escrita: 'La muerte es tragada en victoria. Oh, Muerte, ¿dónde está tu aguijón? ¡Oh, Sepulcro! ¿Dónde está tu victoria?»[26]

«Bueno, pues», algunas personas pueden decir, «si lo esencial era que Él entregara su cuerpo a la muerte en lugar de todos, ¿por qué no lo hizo como Hombre en privado, sin ir hasta el extremo de la crucifixión pública? Ciertamente, habría sido más apropiado para Él haber dejado a un lado su cuerpo con honor antes

---

25. Hebreos 2:14s
26. 1 Co 15:53ss

que soportar una muerte tan vergonzosa». Pero mira de cerca este argumento, y ve cuán meramente humano es, mientras que lo que el Salvador hizo fue verdaderamente divino y digno de su Deidad por varias razones. Lo primero es esto: La muerte de los hombres en circunstancias ordinarias es el resultado de su debilidad natural. Son esencialmente impermanentes, así que después de un tiempo se enferman y cuando se desgastan mueren. Pero el Señor no es así. Él no es débil, Él es el Poder de Dios y la Palabra de Dios y la Vida misma. Si hubiera muerto calladamente en su cama como otros hombres, habría parecido que lo había hecho de acuerdo con su naturaleza, y como si no fuera más que otros hombres. Pero debido a que Él era Verbo, Vida y Poder, su cuerpo fue hecho fuerte, y debido a que la muerte tenía que ser consumada, Él tomó la ocasión de perfeccionar su sacrificio no de Sí mismo, sino de otros. ¿Cómo pudo enfermarse quien había sanado a otros? ¿O cómo podría debilitarse y fallar ese cuerpo por medio del cual otros son fortalecidos? Aquí, de nuevo, puedes decir: «¿Por qué no evitó la muerte, como lo hizo con la enfermedad?» Porque fue precisamente para poder morir que Él había tomado un cuerpo, y evitar la muerte habría sido impedir la resurrección. Y en cuanto a lo inadecuado de la enfermedad para Su cuerpo, como argumentando por Su debilidad, puedes decir: «¿Entonces no tuvo hambre?» Sí, Él tuvo hambre, porque esa era la propiedad de su cuerpo, pero Él no murió de hambre porque Aquel cuyo cuerpo tenía hambre era el Señor. Del mismo modo, aunque murió para rescatar a todos, Él no vio corrupción. Su cuerpo subió en perfecta condición, porque era el cuerpo de nada menos que la Vida Mismo.

1.4.22 Alguien más podría decir, tal vez, que habría sido mejor para el Señor haber evitado los planes de los judíos contra Él, y así haber guardado su cuerpo de la muerte por completo.

Pero mira lo inapropiado que esto también podría haber sido para Él. Así como no habría sido apropiado para Él dar su cuerpo a la muerte por su propia mano, siendo Palabra y siendo Vida, así también no era consonante consigo mismo que Él evitara la muerte infligida por otros. Más bien, Él la siguió hasta el extremo, y en pos de su naturaleza no dejó a un lado su cuerpo por voluntad propia ni escapó de los judíos conspiradores. Y esta acción no mostró limitación ni debilidad en el Verbo; porque esperó la muerte para terminar con ella, y se apresuró a cumplirla como ofrenda en nombre de todos. Además, como fue la muerte de toda la humanidad la que el Salvador vino a llevar a cabo, no la suya, Él no dejó de lado su cuerpo por un acto individual de morir, porque a Él, como Vida, esto simplemente no le perteneciera; sino que aceptó la muerte a manos de los hombres, para destruirla así completamente en Su propio cuerpo.

Hay algunas consideraciones adicionales que permiten comprender por qué el cuerpo del Señor tuvo tal final. El objeto supremo de su venida era llevar a cabo la resurrección del cuerpo. Este iba a ser el monumento a su victoria sobre la muerte, la seguridad a todos de que Él mismo había conquistado la corrupción y de que sus propios cuerpos también eventualmente serían incorruptos; y fue en señal de eso y como prenda de la futura resurrección que Él guardó su cuerpo incorrupto. Pero allí de nuevo, si su cuerpo hubiera caído enfermo y el Verbo lo hubiera dejado en esa condición, ¡cuán impropio habría sido! ¿Debe Él, que sanó los cuerpos de otros, dejar de mantener la salud del suyo? ¿Cómo se creerían sus milagros de sanidad si esto fuera así? Seguramente la gente se reiría de Él como incapaz de disipar la enfermedad o lo considerarían carente de un sentimiento humano adecuado porque Él podía hacerlo, pero no lo hizo.

1.4.23 Entonces, una vez más, supongamos que sin ninguna enfermedad había ocultado su cuerpo en alguna parte, y luego reapareció repentinamente y dijo que había resucitado de entre los muertos. Él habría sido considerado simplemente cuentacuentos, y debido a que no habría testigos de su muerte, nadie creería en su resurrección. La muerte tenía que preceder a la resurrección, porque no podía haber resurrección sin ella. Una muerte secreta y sin testigos habría dejado la resurrección sin ninguna prueba o evidencia para apoyarla. Una vez más, ¿por qué habría de morir en secreto cuando proclamó abiertamente el hecho de su resurrección? ¿Por qué habría de expulsar a los malos espíritus y sanar al hombre ciego desde el nacimiento y cambiar el agua en vino, todo públicamente, para convencer a los hombres de que Él era el Verbo, y no declarar también públicamente esa incorruptibilidad de su cuerpo mortal, para que Él mismo fuera creído como la Vida? ¿Y cómo podrían sus discípulos haber tenido audacia al hablar de la resurrección a menos que pudieran declarar como un hecho que Él había muerto primero? ¿O cómo se podía esperar que sus oyentes creyeran su afirmación, a menos que ellos mismos también hubieran presenciado su muerte? Porque si los fariseos en aquel tiempo se negaban a creer y obligaban a otros a negarlo también, aunque las cosas hubieran sucedido delante de sus propios ojos, ¿cuántas excusas para la incredulidad habrían inventado si hubiera ocurrido en secreto? ¿O cómo podría haber sido declarado el fin de la muerte y la victoria sobre ella, si el Señor no lo hubiera desafiado así ante la vista de todos, y por la incorrupción de su cuerpo no hubiera demostrado que de ahora en adelante estaba anulada y vacía?

1.4.24 Hay otras posibles objeciones que deben ser respondidas. Algunos podrían afirmar que, incluso concediendo la necesidad de una muerte pública para la creencia posterior en la resurrección, seguramente habría sido mejor para Él haber organizado una muerte honorable, y así haber evitado la ignominia de la cruz. Pero incluso esto habría dado lugar a la sospecha de que su poder sobre la muerte se limitaba a la clase particular de muerte que Él escogió para Sí; y eso también proporcionaría excusa para no creer en la resurrección. La muerte vino a su cuerpo, por lo tanto, no de Sí mismo, sino de la acción enemiga, para que el Salvador pudiera abolir completamente la muerte en cualquier forma que se la ofreciera. Un buen luchador, viril y fuerte, no elige a sus antagonistas, para que no se piense que de algunos de ellos tiene miedo. Por el contrario, deja que los espectadores los escojan, y que aún más éstos sean hostiles, para derrocar a quien se enfrente contra de él y así reivindicar su fuerza superior. Incluso así fue con Cristo. Él, la Vida de todos, nuestro Señor y Salvador, no coordino la manera de su propia muerte para que pareciera tener miedo de otra clase. No. Aceptó y llevó sobre la cruz una muerte infligida por otros, y siendo aquellos otros sus enemigos especiales, una muerte que para ellos era supremamente terrible y que de ninguna manera debía ser enfrentada; e hizo esto para que, al destruir incluso esta muerte, se creyera que Él mismo era la Vida, y el poder de la muerte fuera reconocido como finalmente anulado. Así se ha producido una maravillosa y poderosa paradoja, porque la muerte que pensaban que le infligían como deshonra se ha convertido en el glorioso monumento a la derrota de la muerte. Por eso tampoco soportó la muerte de Juan, que fue decapitado, ni fue aserrado, como Isaías; aun en la muerte conservó su cuerpo entero e indiviso, de modo que en adelante no hubiera excusa para los que quisieran dividir la Iglesia.

1.4.25 Hasta ahí llegamos con las objeciones de los que están fuera de la Iglesia. Pero si un cristiano honesto quiere saber por qué sufrió la muerte en la cruz y no de otra manera, respondemos así: de ninguna otra manera era conveniente para nosotros; de hecho, el Señor ofreció por nosotros la única muerte que era supremamente buena. Él había venido a soportar la maldición que nos había echado; y ¿cómo podía «convertirse en maldición»[27] si no aceptaba la muerte maldita? Y esa muerte es la cruz, porque está escrito: «Maldito todo el que cuelga de un árbol».[28] Una vez más, la muerte del Señor es el rescate de todos, y por ella se rompe «el muro de separación»[29] y se produce el llamado a los gentiles. ¿Cómo podría habernos llamado si no hubiera sido crucificado, porque solo en la cruz muere el hombre con los brazos abiertos? Aquí, de nuevo, vemos la aptitud de su muerte y de esos brazos abiertos: era para atraer a su pueblo antiguo con uno y a los gentiles con el otro, y unirse a ambos en Sí mismo. Aun así, Él predijo la manera de su muerte redentora: «Yo, si soy elevado, atraeré a todos a Mí».[30] Una vez más, el aire es la esfera del diablo, el enemigo de nuestra raza que, habiendo caído del cielo, se esfuerza con los otros espíritus malignos que participaron en su desobediencia tanto para alejar a las almas de la verdad como para obstaculizar el progreso de aquellos que intentan seguirla. El apóstol se refiere a esto cuando dice: «Según el príncipe del poder del aire, del espíritu que ahora trabaja en los hijos de la desobediencia».[31] Pero el Señor vino para derrocar al diablo y purificar el aire y para hacer «un camino» para nosotros hasta el cielo, como dice el apóstol, «a través del velo, es decir,

---

27. Gálatas 3:13
28. Gálatas 3:13
29. Efesios 2:14
30. Juan 12:32
31. Efesios 2:2

su carne».[32] Esto tenía que hacerse a través de la muerte, y por qué otro tipo de muerte podría hacerse, salvo por una muerte en el aire, es decir, en la cruz? Aquí, de nuevo, ven cuán correcto y natural era que el Señor sufriera así; por ser así «levantado», limpió el aire de todas las malas influencias del enemigo. «Yo vi a Satanás cayendo como un rayo»,[33] Él dice; y así volvió a abrir el camino al cielo, diciendo de nuevo: «Levantad vuestras puertas, oh príncipes, y levantaos, puertas eternas».[34] Porque no era el Verbo mismo quien necesitaba abrir las puertas, siendo Señor de todos, ni ninguna de sus obras estaba cerrada a su Hacedor. No, éramos nosotros los que lo necesitábamos, nosotros a los que Él mismo elevó en su propio cuerpo, ese cuerpo que primero ofreció a la muerte en nombre de todos, y luego hizo a través de él un camino al cielo.

1.5 La resurrección

1.5.26 Efectivamente apropiada, entonces, y totalmente consonante fue la muerte en la cruz para nosotros; y podemos ver cuán razonable fue, y por qué es que la salvación del mundo no se podía lograr de ninguna otra manera. Incluso en la cruz Él no se ocultó de la vista; más bien, hizo que toda la creación diera testimonio de la presencia de su Hacedor. Entonces, habiendo dejado ver una vez que estaba verdaderamente muerto, Él no permitió que ese templo de su cuerpo permaneciera así mucho tiempo, sino que inmediatamente al tercer día lo levantó, impasible e incorruptible, como prenda y señal de su victoria.

Estaba, por supuesto, en su poder haber levantado su cuerpo y exhibido como vivo directamente después de la muerte. Pero

---

32. Hebreos 10:20
33. Lucas 10:18
34. Salmo 24:7

el Salvador sabio no hizo esto, en caso que algunos negaran que había muerto real o completamente. Además de esto, si el intervalo entre su muerte y resurrección hubiera sido solo dos días, la gloria de su incorrupción podría no haberse manifestado. Esperó un día entero para demostrar que su cuerpo estaba realmente muerto, y luego al tercer día lo mostró incorruptible a todos. El intervalo no era mas largo, en caso que la gente se olvidara de él y se dudara de si era en verdad el mismo cuerpo. No, mientras el asunto seguía sonando en sus oídos y sus ojos aún estaban tensos y sus mentes agitadas, y mientras los que lo habían matado estaban todavía en el acto y ellos mismos atestiguando el hecho de ello, el Hijo de Dios después de tres días mostró su cuerpo una vez muerto inmortal e incorruptible; y fue evidente para todos que no fue por ninguna debilidad natural que el cuerpo que habitaba el Verbo había muerto, sino para que en ello por el poder del Salvador pudiera acabar con la muerte.

1.5.27 Una prueba muy fuerte de esta destrucción de la muerte y de su conquista por la cruz es proporcionada por un hecho presente, a saber: Todos los discípulos de Cristo desprecian la muerte; toman la ofensiva contra ella y, en lugar de temerle, por la señal de la cruz y por la fe en Cristo la pisotean como algo muerto. Antes de la estancia divina del Salvador, incluso el más santo de los hombres temía la muerte, y lloraba por los muertos como los que perecen. Pero ahora que el Salvador ha levantado su cuerpo, la muerte ya no es terrible, sino que todos los que creen en Cristo la pisan bajo los pies como nada, y prefieren morir en lugar de negar su fe en Cristo, sabiendo muy bien que cuando mueren no perecen, sino que viven en verdad, y se vuelven incorruptibles a través de la resurrección. Pero aquel diablo que de antaño se regocijaba impíamente en la muerte, ahora que los dolores de la muerte están desatados, solo él es quien permanece verdaderamente muerto. También hay pruebas de ello; porque hombres que, antes de creer en Cristo, piensan que la muerte es horrible y tienen miedo de ella, una vez convertidos la desprecian tan completamente que van ansiosamente a recibirla, y ellos mismos se convierten en testigos de la resurrección del Salvador de ella. Incluso los niños se apresuran a morir, y no solo los hombres, sino que las mujeres se entrenan por disciplina corporal para enfrentarla. Tan débil se ha vuelto la muerte que incluso las mujeres, que solían ser tomadas por ella, se burlan de ella ahora como de una cosa muerta despojada de todas sus fuerzas. La muerte se ha convertido en un tirano que ha sido completamente conquistado por el monarca legítimo; atada de manos y pies, los transeúntes se burlan de ella, golpeándola y abusando de ella, sin más miedo de su crueldad y rabia, debido al rey que la ha vencido. Así ha sido la muerte vencida y marcada por lo que es por el Salvador en la cruz. Está atada de manos y pies, todos los que están en Cristo la pisotean mientras pasan y como testigos de Él se burlan de ella, diciendo: «Oh, muerte, ¿dónde está tu victoria? Oh, Sepulcro, ¿dónde está tu aguijón?»[35]

1.5.28 ¿Crees que es esta una prueba esbelta de la impotencia de la muerte, o es una indicación de la victoria del Salvador sobre ella, cuando los niños y las jóvenes que están en Cristo miran más allá de esta vida presente y se entrenan para morir? Todos tienen miedo por naturaleza a la muerte y a la disolución corporal; la maravilla de las maravillas es que aquel que está envuelto en la fe de la cruz desprecia este temor natural y por el bien de la cruz ya no es cobarde ante ella. La propiedad natural del fuego es quemar. Supongamos, entonces, que hubiera una sustancia como se dice que es el amianto indio, que no tenía miedo de ser quemado, sino que mostraba la impotencia del

---

35. 1 Corintios 15:55

fuego demostrando ser inquemable. Si alguien dudaba de la verdad de esto, todo lo que necesitaba hacer era envolverse en la sustancia en cuestión y luego tocar el fuego. O, de nuevo, para volver a nuestra figura anterior, si alguien quisiera ver atado e indefenso al tirano que solía ser un terror para los demás, podría hacerlo simplemente yendo al país del conquistador del tirano. Así también, si alguien duda todavía de la conquista de la muerte, después de tantas pruebas y tantos mártires en Cristo y de tal desprecio diario de la muerte por parte de sus siervos más fieles, ciertamente hace bien en maravillarse ante una cosa tan grande, pero no debe ser obstinado en la incredulidad y el desprecio de los hechos claros. No, debe ser como el hombre que quiere probar la propiedad del amianto, y como el que entra en los dominios del conquistador para ver al tirano atado. Él debe abrazar la fe de Cristo, este incrédulo en la conquista de la muerte, y venir a su enseñanza. Entonces verá cuán impotente es la muerte y cuán completamente vencida está. De hecho, ha habido muchos exincrédulos y exburladores que, después de que se hicieron creyentes, despreciaron tanto la muerte como incluso a ellos mismos hasta convertirse en mártires por amor a Cristo.

1.5.29 Si, pues, es por la señal de la cruz y por la fe en Cristo que la muerte es pisoteada, está claro que es Cristo mismo y ningún otro quien es el sumo-victorioso sobre la muerte y que le ha robado su poder. La muerte solía ser fuerte y terrible, pero ahora, desde que el Salvador anduvo por esta tierra, y desde la muerte y resurrección de su cuerpo, es despreciada; y obviamente es por el mismo Cristo quien fue levantado en la cruz, que ha sido destruida y vencida finalmente. Cuando el sol sale después de la noche y todo el mundo es iluminado por él, nadie duda de que es el sol el que así ha derramado su luz por todas partes y que ha ahuyentado la oscuridad. Es igualmente claro, puesto que este desprecio absoluto y pisoteo de la muerte ha ocurrido en la manifestación del Salvador en el cuerpo y en su muerte en la cruz, que es Él mismo quien invalidó la muerte y eleva diariamente monumentos a su victoria en sus propios discípulos. ¿Cómo puedes pensar de otra manera, cuando ves a hombres naturalmente débiles apresurándose a la muerte, sin miedo ante la perspectiva de la corrupción, sin miedo al descenso al Hades, incluso con el alma ansiosa provocándolos, no acobardándose ante las torturas, sino prefiriendo así apresurarse a la muerte por amor a Cristo, antes que permanecer en este vida presente? Si ves con tus propios ojos a hombres, mujeres y niños, incluso, acogiendo así a la muerte por causa de la religión de Cristo, ¿cómo puedes ser tan completamente tonto e incrédulo y mutilado en tu mente como para no darte cuenta de que Cristo, de quien todos ellos dan testimonio, Él mismo da la victoria a cada uno, haciendo a la muerte completamente impotente para aquellos que tienen su fe y llevan la señal de la cruz? Nadie en sus sentidos duda de que una serpiente está muerta cuando la ve pisoteada bajo los pies, especialmente cuando sabe lo salvaje que solía ser; ni, si ve a chicos burlándose de un león, duda de que el bruto esta muerto o completamente privado de fuerza. Estas cosas se pueden ver con nuestros propios ojos, y es lo mismo con la conquista de la muerte. Ya no dudes, pues, cuando veas la muerte burlada y despreciada por los que creen en Cristo, que a través de Cristo la muerte fue destruida, y la corrupción que la acompaña resuelta y acabada.

1.5.30 Lo que hemos dicho no es una pequeña prueba de la destrucción de la muerte y del hecho de que la cruz del Señor es el monumento a su victoria. Pero la resurrección del cuerpo a la inmortalidad, que resulta de ahora en adelante de la obra de Cristo, el Salvador común y la vida verdadera de todos, se prueba más eficazmente por los hechos que por las palabras a aquellos cuya visión mental está sana. Porque si, como hemos demostrado, la muerte fue destruida y todo el mundo la pisotea a causa de Cristo, ¡cuánto más la pisoteó Él primero y la destruyó en su propio cuerpo! La muerte habiendo sido muerta por Él, entonces, ¿qué otro resultado podría haber que la resurrección de su cuerpo y su manifestación abierta como monumento de su victoria? ¿Cómo podría haberse manifestado la destrucción de la muerte, si no se hubiera levantado el cuerpo del Señor? Pero si a alguien incluso esto le parece insuficiente, que encuentre pruebas de lo que se ha dicho en los hechos actuales. Los muertos no pueden tomar medidas efectivas; su poder de influencia sobre los demás solo dura hasta la tumba. Los hechos y acciones que energizan a los demás pertenecen solo a los vivos.

Bueno, entonces, mira los hechos en este caso. El Salvador está trabajando poderosamente entre los hombres, cada día Él está persuadiendo de manera invisible a un número de personas en todo el mundo, tanto dentro como fuera del mundo de habla griega, para que acepten su fe y sean obedientes a su enseñanza. ¿Puede alguien, ante esto, dudar aún de que Él ha resucitado y vive, o más bien de que Él es Él mismo la Vida? ¿Trae convicción el muerto a las conciencias de los hombres para que arrojen todas las tradiciones de sus padres a los vientos y se inclinen ante la enseñanza de Cristo? Si Él ya no está activo en el mundo, lo cual debe ser si está muerto, ¿cómo es que hace cesar a los vivos de sus actividades, al adúltero de su adulterio, al asesino de asesinar, a los injustos de la avaricia, mientras que el hombre profano e impío se vuelve religioso? Si no resucitó, pero aún está muerto, ¿cómo es que dirige, persigue y derroca a los dioses falsos, que los infieles creen que están vivos, y a los espíritus malignos a los que ellos adoran? Porque donde Cristo es invocado, la idolatría es destruida y el fraude de los espíritus malignos es expuesto; de hecho, ningún espíritu tal puede soportar ese Nombre, sino que se esfuma ante el sonido de él. Esta es la obra de Aquel que vive, no de un muerto; y, más que eso, es obra de Dios. Sería absurdo decir que los espíritus malignos que Él expulsa y los ídolos que Él destruye están vivos, pero que aquel que expulsa y destruye, y a quien ellos mismos reconocen ser Hijo de Dios, está muerto.

1.5.31 En pocas palabras, entonces, los que no creen en la resurrección no tienen apoyo en los hechos, si sus dioses y espíritus malignos no ahuyentan al Cristo supuestamente muerto. Más bien, Él es quien les trae convicción por ser muerto. Estamos de acuerdo en que un muerto no puede hacer nada; sin embargo, el Salvador trabaja poderosamente todos los días, atrayendo a los hombres a la religión, persuadiéndolos a la virtud, enseñándoles acerca de la inmortalidad, avivando su sed de cosas celestiales, revelando el conocimiento del Padre, inspirando fuerza frente a la muerte, manifestando en sí mismo a cada uno, y desplazando la irreligión de los ídolos; mientras que los dioses y los espíritus malignos de los incrédulos no pueden hacer ninguna de estas cosas, sino más bien morir ante la presencia de Cristo, con toda su ostentación vuelta estéril y vacía. Por la señal de la cruz, por el contrario, toda magia es detenida, toda brujería confundida, todos los ídolos abandonados y desechados, y todo placer sin sentido refrenado, cuando el ojo de la fe mira hacia arriba, de la tierra al cielo. ¿A quién, entonces, llamaremos muerto? Llamaremos a Cristo muerto, ¿Quién hace todo esto? Pero los muertos no tienen la facultad de hacer nada. ¿O llamaremos a la muerte muerta, que no afecta nada, sino que muestra ser sin vida e ineficaz como lo son los espíritus malignos y los ídolos? El Hijo de Dios, «vivo y efectivo»,[36] está activo todos los días

---

36. Hebreos 4:12

y efectúa la salvación de todos; pero se demuestra diariamente que la muerte está despojada de todas sus fuerzas, y son los ídolos y los espíritus malignos los que están muertos, no Él. Por lo tanto, no queda lugar para la duda acerca de la resurrección de su cuerpo.

De hecho, parecería que aquel que no cree en esta resurrección corporal del Señor ignora el poder del Verbo y Sabiduría de Dios. Si Él tomó un cuerpo para Sí mismo en absoluto, y lo hizo suyo en cumplimiento de su propósito, como hemos demostrado, ¿qué tenía que hacer el Señor con él, y qué iba a pasar finalmente con ese cuerpo sobre el cual el Verbo había descendido? Mortal y ofrecido a la muerte en nombre de todos tal como fue, no podía sino morir; de hecho, fue para ese mismo propósito que el Salvador lo había preparado para Sí mismo. Pero, por otro lado, no podía permanecer muerto, porque se había convertido en el mismo templo de la Vida. Por lo tanto, murió como mortal, pero vivió de nuevo a causa de la Vida dentro de él; y su resurrección se da a conocer por medio de sus obras.

1.5.32 Es, de hecho, de acuerdo con la naturaleza del Dios invisible que Él debe ser así conocido a través de sus obras; y aquellos que dudan de la resurrección del Señor porque ahora no lo ven con sus ojos, también pueden negar las mismas leyes de la naturaleza. Tienen motivos para la incredulidad cuando faltan obras; pero cuando las obras claman y prueban el hecho tan claramente, ¿por qué deliberadamente niegan la vida resucitada tan manifiestamente demostrada? Incluso si sus facultades mentales son defectuosas, seguramente sus ojos pueden darles una prueba irrompible del poder y la divinidad de Cristo. Un ciego no puede ver el sol, pero sabe que está sobre la tierra por el calor que emite; de manera similar, aquellos que todavía están en la ceguera de la incredulidad reconozcan la divinidad de Cristo y la resurrección que Él ha llevado a cabo por medio de su poder manifestado en los demás. Obviamente, Él no estaría expulsando a los malos espíritus ni despojando a los ídolos si estuviera muerto, porque los malos espíritus no obedecerían a los muerto. Si, por otro lado, el mismo nombre de Él los impulsa a salir, claramente no está muerto; y tanto más que los espíritus, que perciben cosas que los hombres no ven, sabrían si Él estuviera así y se negarían a obedecer. Pero, de hecho, lo que las personas profanas dudan, los espíritus malignos saben, esto es, que Él es Dios; y por esa razón huyen de Él y caen a sus pies, clamando incluso cuando Él estaba en el cuerpo: «Conocemos quién eres, el Santo de Dios», y, «Ah, ¿qué tengo yo contigo, Hijo de Dios? Te imploro que no me atormentes».[37]

Tanto de la confesión de los espíritus malignos como del testimonio diario de sus obras, se manifiesta por lo tanto, y nadie se atreva a dudarlo, que el Salvador ha levantado su propio cuerpo, y que Él es el Hijo de Dios, teniendo su ser de Dios como de un Padre, cuyo Verbo y Sabiduría y Poder Él es. Él es quien en estos últimos días asumió un cuerpo para la salvación de todos nosotros, y enseñó al mundo acerca del Padre. Él es quien ha destruido la muerte y bendecido libremente a todos con incorrupción por medio de la promesa de la resurrección, habiendo levantado su propio cuerpo como sus primicias, y lo ha mostrado por la señal de la cruz como el monumento a su victoria sobre la muerte y su corrupción.

1.6 La refutación de los judíos

1.6.33 Hasta ahora hemos tratado con la Encarnación de nuestro Salvador, y hemos encontrado pruebas claras de la resurrección

---

37. Cf. Lucas 4: 34 y Marcos 5:7

de Su Cuerpo y de Su victoria sobre la muerte. Vayamos ahora más allá e investiguemos la incredulidad y el ridículo con que judíos y gentiles respectivamente consideran estos mismos hechos. Parece que en ambos casos los puntos en cuestión son los mismos, es decir, la inadecuación o incongruencia (como les parece) por igual de la cruz y del hecho de que el Verbo se convierta en hombre. Pero no dudamos en aceptar el argumento en contra de estos objetores, ya que las pruebas de nuestra parte son extremadamente claras.

Primero, entonces, consideraremos a los judíos. Su incredulidad tiene su refutación en las Escrituras que incluso ellos mismos leen; porque desde la primera página hasta la última, el Libro inspirado enseña claramente estas cosas tanto en su totalidad como en sus propias palabras. Los profetas predijeron la maravilla de la Virgen y del Nacimiento de ella, diciendo: «He aquí, una virgen concebirá y dará a luz un hijo, y llamarán su nombre Emmanuel, que significa 'Dios está con nosotros'».[38] Y Moisés, aquel verdaderamente grandioso en cuya palabra confían tan implícitamente los judíos, también reconoció la importancia y la verdad del asunto. Él lo dice así: «Surgirá una estrella de Jacob y un hombre de Israel, y quebrará en pedazos a los gobernantes de Moab».[39] Y también: «¡Cuán hermosas son tus casas, oh Jacob, tus tiendas, oh Israel! Como valles boscosos dan sombra, y como parques junto a ríos, como tiendas que el Señor ha plantado, como cedros junto a ríos. Vendrá un hombre de entre su descendencia, y reinará sobre muchos pueblos».[40] Y, de nuevo, Isaías dice: «Antes de que el Niño tenga edad suficiente para llamar a su padre o madre, tomará el poder de Damasco y

---

38. Isaías 7:14
39. Números 24:17
40. Números 24:5-7

el botín de Samaria de debajo de los ojos del rey de Asiria».[41] Estas palabras, entonces, predicen que un Hombre aparecería. Y la Escritura proclama además que El que había de venir es Señor de todo. Estas son las palabras: «He aquí, el Señor se sienta en una nube aireada y entrará en Egipto, y las imágenes hechas por el hombre de Egipto serán sacudidas».[42] Y es también de Egipto que el Padre lo llama de nuevo, diciendo: «De Egipto he llamado a mi Hijo».[43]

1.6.34 Además, las Escrituras no guardan silencio ni siquiera acerca de su muerte. Por el contrario, se refieren a ella con la máxima claridad. No han temido hablar también de la causa de ella. Él la soporta, dicen, no por su propio bien, sino para traer inmortalidad y salvación a todos, y también registran la conspiración de los judíos contra Él y todas las humillaciones que padeció en sus manos. Ciertamente nadie que lea las Escrituras puede alegar ignorancia de los hechos como excusa para el error. Existe este pasaje, por ejemplo: «Un hombre afligido y que sabe llevar la debilidad, pues los hombres le vuelven su rostro. Él fue deshonrado y no considerado, Él lleva nuestros pecados y sufre por nuestro bien. Y nosotros, por nuestra parte, le tuvimos por desesperado, afligido y abusado; pero fue por nuestros pecados que Él fue herido y por nuestra impiedad que Él fue hecho débil. El castigo por nuestra paz fue sobre Él, y por sus heridas somos sanados».[44] ¡Oh, maravíllate ante el amor de la Palabra por los hombres, porque por nosotros es deshonrado, para que seamos honrados! «Porque todos nosotros», continúa, «nos hemos descarriado como ovejas, el hombre se ha desviado

---

41. Isaías 8:4
42. Isaías 19:1
43. Oseas 11:1
44. Isaías 53:3-5

de su camino, y el Señor lo ha entregado por nuestros pecados; y Él mismo no abrió su boca ante los maltratos. Como una oveja, fue llevado a la matanza, y como un cordero mudo delante de su esquilador, así no abrió su boca; en su humillación fue quitado su juicio».[45] Y entonces la Escritura anticipa las sospechas de cualquiera que pudiera pensar de su sufrimiento como si Él fuera solo un hombre ordinario, y muestra el poder que obró en su favor. «¿Quién declarará de qué linaje viene?» dice: «Porque su vida es exaltada de la tierra. Por la impiedad del pueblo fue llevado a la muerte, y daré a los impíos a cambio de su sepultura y a los ricos a cambio de su muerte. Porque no hizo iniquidad, ni se halló engaño en su boca. Y el Señor quiere sanarlo de su aflicción».[46]

1.6.35 Habéis oído la profecía de su muerte, y ahora, quizás, queráis saber qué indicios hay acerca de la cruz. Incluso esto no se pasa en silencio: por el contrario, los escritores sagrados lo proclaman con la máxima claridad. Moisés lo predice primero, y eso en voz alta, cuando dice: «Verás tu vida colgada ante tus ojos, y no creerás».[47] Después de él, los profetas también dan su testimonio, diciendo: «Pero yo, como cordero inocente traído para ser ofrecido, aún era ignorante. Planearon contra Mí el mal, diciendo: 'Ven, echemos leña en su pan y exterminémoslo de la tierra de los vivientes».[48] Y, de nuevo, «Perforaron mis manos y mis pies, contaron todos mis huesos, dividieron mis vestidos entre sí y echaron suertes sobre mis vestiduras».[49] Ahora bien, una muerte levantada que tiene lugar sobre madera no puede

---

45. Isaías 53:6-8
46. Isaías 53:8-10
47. Deuteronomio 28:66
48. Jeremías 11:19
49. Salmo 22:16-18

ser otra que la muerte de cruz; además, es solo en esa muerte que las manos y los pies son traspasados. Además de esto, puesto que el Salvador habitó entre los hombres, todas las naciones de todas partes han comenzado a conocer a Dios; y esto también lo menciona expresamente las Sagradas Escrituras. «Vendrá la Raíz de Isaí», dice, «y el que se levante para gobernar las naciones, sobre Él las naciones pondrán su esperanza».[50]

Estas son solo algunas cosas que demuestran lo que ha ocurrido; pero en verdad toda la Escritura está llena de reprobación de la incredulidad judía. Por ejemplo, ¿cuál de los hombres justos y santos profetas y patriarcas de quienes hablan las Escrituras Divinas tuvo su nacimiento corporal solo de una virgen? ¿No nació Abel de Adán, Enoc de Jared, Noé de Lamec, Abran de Tera, Isaac de Abran y Jacob de Isaac? ¿No fue engendrado Judá por Jacob y Moisés y Aarón por Ameram? ¿No fue Samuel hijo de Elcana, David de Isaí, Salomón de David, Ezequías de Acaz, Josías de Amón, Isaías de Amós, Jeremías de Hilcías y Ezequiel de Buzi? ¿No tenía cada uno de ellos un padre como autor de su ser? Entonces, ¿quién es Aquel que nace de una virgen solamente, señal a la cual el profeta llama tanto la atención? Otra vez, ¿cuál de todas esas personas había anunciado su nacimiento al mundo por una estrella en los cielos? Cuando Moisés nació, sus padres lo escondieron. David era desconocido incluso en su propio barrio, por lo que el poderoso Samuel ignoraba su existencia y preguntó si Isaí tenía otro hijo. Abraham también llegó a ser conocido por sus vecinos como un gran hombre solo después de su nacimiento. Pero con Cristo era de otra manera. El testigo de su nacimiento no fue hombre, sino una estrella que brillaba en los cielos de donde descendía.

---

50. Isaías 11:10

1.6.36 Entonces, otra vez, ¿qué rey reinó y tomó trofeos de sus enemigos antes de tener fuerza para llamar a su padre o madre? ¿No tenia David treinta años de edad cuando llegó al trono y Salomón un joven adulto? ¿No entró Joás en su reinado a la edad de siete años, y Josías, algún tiempo después de él, a la misma edad, ambos capaces de llamar a su padre o madre? ¿Quién, entonces, ha reinando y despojando a sus enemigos casi antes de nacer? Que los judíos, que han investigado el asunto, nos digan si alguna vez hubo tal rey en Israel o en Judá, rey sobre el cual todas las naciones pusieran sus esperanzas y tuvieron paz, en lugar de enemistarse con él por todas partes. Mientras Jerusalén estaba de pie, hubo una guerra constante entre ellos, y todos lucharon contra Israel. Los asirios oprimieron a Israel, los egipcios los persiguieron, los babilonios cayeron sobre ellos, y, extraño relatar, incluso sus vecinos los sirios estaban en guerra con ellos. ¿Y no peleó David con Moab, e hirió a los sirios, y no temió Ezequías ante la jactancia de Senaquerib? ¿No hizo guerra Amalec contra Moisés y se le opusieron los amorreos, y no se organizaron los moradores de Jericó contra Josué hijo de Nun? ¿Acaso las naciones no consideraban siempre a Israel con una hostilidad implacable? Entonces vale la pena preguntar quién es aquel en quién las naciones han de poner sus esperanzas. Obviamente debe haber alguien, porque el profeta no pudo haber mentido. Pero ¿alguno de los santos profetas o de los primeros patriarcas murió en la cruz por la salvación de todos? ¿Alguno de ellos fue herido y asesinado por la sanidad de todos? ¿Cayeron los ídolos de Egipto delante de algún hombre justo o rey que llego allí? Abraham llegó allí ciertamente, pero la idolatría prevaleció de la misma manera; y Moisés nació allí, pero la adoración equivocada no fue cambiada.

1.6.37 Otra vez, ¿dice la Escritura de alguien que fue traspasado en manos y pies o colgado de un árbol en absoluto, y por medio de una cruz perfeccionó su sacrificio para salvación de todos? No fue Abraham, porque murió en su cama, como también Isaac y Jacob. Moisés y Aarón murieron en el monte, y David terminó sus días en su casa, sin que nadie conspirara contra él. Saúl lo había buscado, pero fue preservado. Otra vez Isaías fue serrado, pero no fue colgado de un árbol. Jeremías fue ultrajado, pero no murió bajo condena. Ezequiel sufrió, pero lo hizo, no en nombre del pueblo, sino solo para representar lo que iba a suceder. Además, todos estos, aun cuando sufrieron, eran solo hombres, como otros hombres; pero Aquel de quien las Escrituras declaran que sufriría en nombre de todos es llamado no solo hombre, sino Vida de todos, aunque en realidad Él compartió nuestra naturaleza humana. «Verás tu Vida colgando ante tus ojos», dicen, y «¿Quién declarará de qué linaje viene?» Con todos los santos podemos rastrear su descendencia desde el principio, y ver exactamente cómo cada uno llegó a ser; pero el Verbo Divino sostiene que no podemos declarar el linaje de Aquel que es la Vida. ¿Quién es, entonces, de quien hablan así las Sagradas Escrituras? ¿Quién es tan grande que los profetas predicen de Él cosas tan poderosas?

En efecto, no hay nadie en las Escrituras, sino el Salvador de todos, el Verbo de Dios, nuestro Señor Jesucristo. Él es el que procede de una virgen, y apareció como hombre en la tierra, Él es Aquel cuyo linaje terrenal no puede ser declarado, porque solo Él no deriva su cuerpo de ningún padre humano, sino de una virgen solamente. Podemos rastrear el descenso paterno de David y Moisés y de todos los patriarcas. Pero con el Salvador no podemos hacerlo, porque fue Él mismo quien hizo que la estrella anunciara su nacimiento corporal, y era apropiado que el Verbo, cuando descendió del cielo, tuviera también su señal en el cielo, y apropiado que el Rey de la creación en su venida fuera visiblemente reconocido por todo el mundo. De hecho, Él nació en Judea, pero hombres de Persia vinieron a adorarlo. Él es quien ganó la victoria de sus enemigos demoníacos y trofeos de los idólatras incluso antes de que su cuerpo apareciera, es decir, todos los paganos que de todas las regiones han abjurado la tradición de sus padres y la falsa adoración de ídolos y ahora están poniendo su esperanza en Cristo y transfiriendo su lealtad a Él. Esto está sucediendo ante nuestros propios ojos, aquí en Egipto; y así se cumple otra profecía, porque en ningún otro momento los egipcios han cesado de su falsa adoración, salvo cuando el Señor de todos, cabalgando como en una nube, descendió aquí en el cuerpo y redujo el error de los ídolos a la nada y se ganó a todos a Sí mismo y a través de Él, al Padre. Él es quien fue crucificado con el sol y la luna como testigos. Por su muerte, ha llegado la salvación a todos los hombres y toda la creación ha sido redimida. Él es la Vida de todos y Él es quien como oveja entregó Su propio cuerpo a la muerte, Su vida por la nuestra y nuestra salvación.

1.6.38 Pero los judíos no creen esto. Este argumento no los satisface. Bueno, entonces, es que sean persuadidos por otras cosas en sus propios oráculos. ¿De quién, por ejemplo, dicen los profetas: «Me manifesté a los que no me buscaban, fui hallado por los que no me habían pedido? Dije: 'Mira, aquí estoy', a la nación que no había invocado mi Nombre. Extendí mis manos a un pueblo desobediente y perverso».[51] ¿Quién es esta persona que se manifestó, uno podría preguntar a los judíos?

Si el profeta habla de sí mismo, entonces deben decirnos cómo estuvo escondido primero, para ser manifestado después.

---

51. Isaías 65:1-2

Y, de nuevo, ¿qué clase de hombre es este profeta, que no solo fue revelado después de estar escondido, sino que también extendió sus manos en la cruz? Estas cosas no le sucedieron a ninguno de esos hombres justos: solo le sucedieron al Verbo de Dios que, por naturaleza, sin cuerpo, por nuestra cuenta apareció en un cuerpo y sufrió por todos nosotros. Y si esto no es suficiente para ellos, hay otra evidencia abrumadora por la cual pueden ser silenciados. La Escritura dice: «Fortaleceos, manos que cuelgan y rodillas débiles, cobrad valor, los de poca fe, sed fuertes y no temáis. Mirad, nuestro Dios recompensará el juicio, Él mismo vendrá y nos salvará. Entonces se abrirán los ojos de los ciegos y oirán los oídos de los sordos, y los tartamudos hablarán claramente».[52] ¿Qué pueden decir a esto, o cómo pueden mirarlo a la cara? Porque la profecía no solo declara que Dios habitará aquí, sino que también da a conocer las señales y el tiempo de su venida. Cuando Dios venga, dice, los ciegos verán, los cojos caminarán, los sordos oirán y los tartamudos hablarán claramente. ¿Pueden los judíos decirnos cuándo ocurrieron tales señales en Israel, o cuándo ocurrió algo así en el judaísmo? El leproso Naamán fue limpiado, es verdad, pero ningún sordo oyó ni caminó ningún cojo. Elías levantó a un muerto y Eliseo también; pero nadie ciego de nacimiento recibió su vista. Resucitar a una persona muerta es una gran cosa, pero no es tal como lo hizo el Salvador. Y ciertamente, puesto que las Escrituras no han guardado silencio sobre el leproso y el hijo muerto de la viuda, si un cojo hubiera caminado y un ciego hubiera recibido su vista, también lo habrían mencionado. Su silencio sobre estos puntos demuestra que los acontecimientos nunca tuvieron lugar. ¿Cuándo, pues, sucedieron estas cosas, a menos que el Verbo mismo viniera en el cuerpo? ¿No fue cuando vino que los hombres cojos caminaban

---

52. Isaías 35:3-6

y los tartamudos hablaron claramente y los ciegos de nacimiento recibieron la vista? Y los judíos que lo vieron, ellos mismos testificaron que tales cosas nunca habían ocurrido antes. «Desde que el mundo comenzó», dijeron, «nunca se ha oído hablar de que alguien abriera los ojos de un hombre nacido ciego. Si este Hombre no fuera de Dios, Él no podría hacer nada».[53]

1.6.39 Pero ciertamente no pueden luchar contra hechos claros. Por lo tanto, puede ser que, sin negar lo que está escrito, afirmen que todavía están esperando que estas cosas sucedan, y que la Palabra de Dios aún está por venir, porque ese es un tema sobre el que siempre están ardiendo con más descaro, a pesar de todas las pruebas contra ellos. Pero serán refutados en este punto supremo más claramente que en ningún otro, y eso no por nosotros mismos, sino por el más sabio Daniel, porque él apunta a la fecha real de la venida del Salvador, así como a su divina estancia en medio de nosotros. «Setenta semanas», dice, «han sido acortadas sobre tu pueblo y sobre la ciudad santa, para poner fin completamente al pecado y para que se sellen los pecados y se borren las iniquidades, y para hacer reconciliación por la iniquidad y sellar la visión y el profeta, y para ungir a un Santo de santos. Y conocerás y entenderás desde la salida del Verbo para responder[54] y edificar a Jerusalén, hasta Cristo el Príncipe».[55] Con respecto a las otras profecías, es posible que puedan encontrar excusas para aplazar su referencia a un tiempo futuro, pero ¿qué pueden decir a este? ¿Cómo pueden enfrentarlo en absoluto? No solo menciona expresamente al Ungido,

---

53. Juan 9:32-33
54. «Respuesta» es una lectura errónea de Septuaginta (LXX) para la palabra hebrea «restaurar», el Septuaginta es una antigua traducción alejandrina de las escrituras judías al griego koine.
55. Daniel 9:24-25

es decir, al Cristo, sino que incluso declara que Aquel que ha de ser ungido no es solo hombre, sino el Santo de los santos. Y dice que Jerusalén debe permanecer hasta Su venida, y que después de ella el profeta y la visión cesarán en Israel. David fue ungido de antaño, y Salomón, y Ezequías; pero entonces Jerusalén y el lugar estaban en pie, y los profetas profetizaban: Gad, Asaf y Natán, y después Isaías, Oseas, Amós y otros. Además, aquellos hombres que fueron ungidos fueron llamados santos ciertamente, pero ninguno de ellos fue llamado el Santo de los Santos. Tampoco sirve de nada que los judíos se refugien en el cautiverio, y digan que Jerusalén no existía entonces, porque ¿qué hay de los profetas? Es un hecho que al principio del exilio Daniel y Jeremías estaban allí, y Ezequiel, Hageo y Zacarías también profetizaron.

1.6.40 Así que los judíos se entregan a la ficción, y transfieren el tiempo presente al futuro. ¿Cuándo cesaron el profeta y la visión de Israel? ¿No fue cuando Cristo vino, el Santo de los santos? Es, de hecho, una señal y una prueba notable de la venida del Verbo que Jerusalén ya no está en pie, ni se levanta profeta ni se revela visión entre ellos. Y es natural que así sea, porque cuando el que fue señalado hubo venido, ¿qué más necesidad tenía de que alguien lo señalara? Y cuando llegó la Verdad, ¿qué más necesidad había de sombra? Solo por Él profetizaron continuamente, hasta que llegó la Justicia Esencial, quien fue hecho el rescate por los pecados de todos. Por la misma razón, Jerusalén permaneció hasta el mismo tiempo, para que allí los hombres premeditaran los tipos antes de que se conociera la Verdad. Así que, por supuesto, una vez que el Santo de los Santos hubo llegado, tanto la visión como la profecía fueron sellados. Y el reino de Jerusalén cesó al mismo tiempo, porque los reyes debían ser ungidos entre ellos hasta que el Santo de los Santos fuera ungido. Moisés también profetiza que el reino de los judíos permanecerá hasta su tiempo, diciendo: «No faltará gobernante de Judá, ni príncipe de sus lomos, hasta que las cosas que le han sido reservadas vengan y el mismo Esperado de las naciones».[56]

Y es por eso que el Salvador mismo estaba siempre proclamando «La ley y los profetas profetizaron hasta Juan».[57] Así que si todavía hay rey o profeta o visión entre los judíos, ellos hacen bien en negar que Cristo ha venido; pero si no hay rey ni visión, y desde entonces toda profecía ha sido sellada y la ciudad y el templo han sido tomadas, ¿cómo pueden ser tan irreligiosos, cómo pueden hacer alarde de los hechos, como para negar a Cristo que ha traído todo a su cumplimiento? De nuevo, ven a los paganos abandonando ídolos y poniendo sus esperanzas por medio de Cristo en el Dios de Israel; ¿por qué niegan aún a Cristo quien en la carne nació de la raíz de Isaí y reina de aquí en adelante? Por supuesto, si los paganos estuvieran adorando a otro dios, y no confesando al Dios de Abraham, Isaac y Jacob y Moisés, entonces harían bien en argumentar que Dios no había venido. Pero si los paganos están honrando al mismo Dios que dio la ley a Moisés y las promesas a Abraham, el Dios cuya palabra también los judíos deshonraron, ¿por qué no reconocen o más bien por qué deliberadamente se niegan a ver que el Señor de quien las Escrituras profetizaron ha brillado en el mundo y aparecido en forma corporal? La Escritura lo declara repetidamente. «El Señor Dios se nos ha aparecido»,[58] y de nuevo, «Él envió su Palabra y los sanó».[59] Y de nuevo, «No fue ningún embajador, ningún ángel que nos salvó, sino el Señor mismo».[60]

---

56. Génesis 49:10
57. Mateo 11:13
58. Salmo 118:27
59. Salmo 107:20
60. Isaías 63:9

Los judíos tienen el mismo mal de una persona demente que ve la tierra iluminada por el sol, ¡pero niega el sol que la ilumina! ¿Qué más puede hacer su Esperado cuando venga? ¿Llamar a los paganos? Pero ya fueron llamados. ¿Poner fin al profeta, al rey y a la visión? Pero esto también ha sucedido. ¿Exponer la oposición de los ídolos a Dios? Ya está expuesta y condenada. ¿O destruir la muerte? Ya fue destruida. ¿Qué, entonces, no ha venido a suceder que Cristo tenga que hacer? ¿Qué es lo que queda fuera o incumplido para que los judíos sean incrédulos con tanta ligereza? El hecho claro es, como digo, que ya no hay rey ni profeta ni Jerusalén ni sacrificio ni visión entre ellos; sin embargo, toda la tierra está llena del conocimiento de Dios, y los gentiles, abandonando el ateísmo, ahora se refugian en el Dios de Abraham por medio del Verbo, nuestro Señor Jesucristo.

Ciertamente, entonces, debe ser claro incluso para los más desvergonzados que Cristo ha venido, y que Él ha iluminado a todos los hombres en todas partes, y les ha dado verdadera y divina enseñanza acerca de su Padre. Así los judíos pueden ser refutados por estos y otros argumentos de la enseñanza divina.

1.7 La refutación de los gentiles

1.7.41 Llegamos ahora a la incredulidad de los gentiles; y esto es ciertamente un asunto de asombro total, porque se ríen de lo que no es objeto de burla, pero no ven la vergüenza y la ridiculez de sus propios ídolos. Sin embargo, los argumentos de nuestra parte no carecen de peso, por lo que los confundiremos también con bases razonables, principalmente por lo que nosotros mismos vemos.

En primer lugar, ¿qué hay en nuestra creencia que es impropio o ridículo? ¿Es solo que decimos que el Verbo se ha manifestado en un cuerpo? Bueno, si ellos mismos realmente aman la verdad, estarán de acuerdo con nosotros en que esto no implica nada impropio en absoluto. Si niegan que existe un Verbo de Dios, eso será extraordinario, pues entonces se burlarán de lo que no saben. Pero supongamos que confiesan que hay un Verbo de Dios, que Él es el Gobernador de todas las cosas, que en Él el Padre hizo la creación, que por su providencia todo recibe luz, vida y ser, y que Él es Rey sobre todos, de modo que Él es conocido por medio de las obras de su providencia, y por medio de Él, el Padre. Supongamos que confiesan todo esto, ¿entonces qué? ¿No están volviendo inconscientemente el ridículo contra sí mismos? Los filósofos griegos dicen que el universo es un gran cuerpo, y dicen verdaderamente, porque percibimos el universo y sus partes con nuestros sentidos. Pero si el Verbo de Dios está en el universo, que es un cuerpo, y ha entrado en Él en todas sus partes, ¿qué hay de sorprendente o inapropiado en que digamos que Él también ha entrado en la naturaleza humana? Si no fuera apropiado para Él haberse encarnado en absoluto, entonces no sería apropiado para Él haber entrado en el universo, y estar dando luz y movimiento por su providencia a todas las cosas en él, porque el universo, como hemos visto, es en sí mismo un cuerpo. Pero si es correcto y apropiado para Él entrar en el universo y revelarse a través de él, entonces, porque la humanidad es parte del universo junto con el resto, no es menos apropiado para Él aparecer en un cuerpo humano, e iluminar y trabajar a través de este. Y ciertamente si estuviera mal que una parte del universo hubiera sido usada para revelar su divinidad a los hombres, ¡sería mucho peor que Él fuera revelado por el mundo entero!

1.7.42 Tome un caso paralelo. La personalidad de un hombre acciona y mueve todo su cuerpo. Si alguien dijera que no es adecuado que el poder del hombre habite en el dedo del pie, se le consideraría tonto, pues, concediendo que un hombre penetra y acciona todo su cuerpo, niega su presencia en la parte. Del mismo modo, nadie que admita la presencia del Verbo de Dios en el universo como un todo debe pensar que no es adecuado que un solo cuerpo humano sea accionado e iluminado por Él.

Pero, ¿será porque la humanidad es una cosa creada de la inexistencia que ellos consideran inapropiado que el Salvador se manifieste en nuestra naturaleza? Si es así, ya es hora de que lo rechacen también de la creación; porque está también ha sido creada de la inexistencia por el Verbo. Pero si, por otro lado, aunque la creación es algo que se ha hecho, no es inapropiado que el Verbo esté presente en ella, entonces tampoco es inapropiado que Él esté en el hombre. El hombre es parte de la creación, como dije antes; y el razonamiento que se aplica a uno se aplica al otro. Todas las cosas se derivan del Verbo su luz, movimiento y vida, como dicen los propios autores gentiles: «En Él vivimos, nos movemos y tenemos nuestro ser».[61] Muy bien, entonces. Siendo así, no es de ninguna manera impropio que el Verbo more en el hombre. Así que si, como decimos, el Verbo ha usado aquello en lo que Él es como el medio de su automanifestación, ¿qué hay de ridículo en ello? Él no podría haberlo usado si no hubiera estado presente en él; pero ya hemos admitido que Él está presente tanto en el conjunto como en las partes. ¿Qué, entonces, hay increíble en su manifestación a través de aquello en lo que Él está? Por su propio poder, Él entra completamente en todos y cada uno de ellos, y los ordena en todo sentido sin reservas; y, si así lo hubiera querido, podría haberse revelado a Sí mismo y a su Padre por medio del sol o la luna o el cielo o la tierra o el fuego o el agua. Si lo hubiera hecho, nadie podría haberlo acusado con razón de actuar injustificadamente, porque sostiene

---

61. Ver Hechos 17:28

en un todo todas las cosas a la vez, estando presente e invisible, no solo en el conjunto, sino también en cada parte en particular. Siendo así, y puesto que, además, Él ha querido revelarse a través de los hombres, que son parte del todo, no puede haber nada ridículo en su uso de un cuerpo humano para manifestar la verdad y el conocimiento del Padre. ¿No impregna la mente del hombre todo su ser, y sin embargo, encuentra expresión a través de una sola parte, a saber, la lengua? ¿Alguien dice por eso que la Mente se ha degradado a sí misma? Por supuesto que no. Entonces, tampoco es degradante que el Verbo, que impregna todas las cosas, haya aparecido en un cuerpo humano. Porque, como dije antes, si fuera inapropiado para Él habitar así en la parte, sería igualmente inapropiado para Él existir dentro del todo.

1.7.43 Algunos pueden entonces preguntarse, ¿por qué Él no se manifestó por medio de otras partes más nobles de la creación, ni usó algún instrumento más noble, como el sol o la luna o las estrellas o el fuego o el aire, en lugar de un simple hombre? La respuesta es esta. El Señor no vino a hacer una exhibición. Vino a sanar y a enseñar a los hombres que sufren. Para alguien que hubiera querido hacer una exhibición, habría sido suficiente simplemente aparecer y deslumbrar a los contempladores. Pero para Aquel que vino a sanar y a enseñar la manera no era simplemente habitar aquí, sino ponerse a disposición de los que lo necesitaban, y manifestarse de acuerdo con lo que pudieran soportar, no viciando el valor de lo divino apareciendo excediendo su capacidad para recibirlo.

Además, nada en la creación se había desviado del camino del propósito de Dios para ella, excepto solo el hombre. Sol, luna, cielo, estrellas, agua, aire, ninguno de estos se había desviado de su orden, sino que, conociendo al Verbo como su Hacedor y su Rey, permanecieron como fueron creados. Solo los hombres que han rechazado lo bueno, han inventado vanidades en lugar de la verdad, y han atribuido el honor de Dios y el conocimiento de Él a los demonios y a los hombres en forma de piedras. Obviamente, la bondad divina no podía pasar por alto un asunto tan grave como este. Pero los hombres no podían reconocer que Él ordenaba y gobernaba la creación como un todo. Entonces, ¿qué hace Él? Toma para sí mismo como instrumento una parte del todo, es decir, un cuerpo humano, y entra en él. Así, Él aseguró que los hombres lo reconocieran en la parte que cuando no podían hacerlo en su totalidad, y que aquellos que no podían levantar sus ojos a su poder invisible lo reconocieran y lo contemplaran en la semejanza de ellos mismos. Porque, siendo hombres, naturalmente aprenderían a conocer a su Padre más rápida y directamente por medio de un cuerpo que correspondía a los suyos y a través de las obras divinas realizadas a través de él; porque comparando sus obras con las suyas, juzgarían que las suyas no eran humanas, sino divinas. Y si, como dicen, no fuera apropiado para el Verbo revelarse a través de actos corporales, sería igualmente así para Él hacerlo a través de las obras del universo. Su ser en la creación no significa que Él comparta su naturaleza; por el contrario, todas las cosas creadas toman parte de su poder. De manera similar, aunque usó el cuerpo como instrumento suyo, no compartió nada de su defecto, sino que lo santificó por su morada. ¿Acaso Platón, de quien tanto piensan los griegos, no dice que el Autor del Universo, viéndolo arrojado por la tormenta y en peligro de hundirse en estado de disolución, toma su asiento al timón de la Fuerza de Vida del universo, y viene al rescate y pone todo en orden? ¿Qué, entonces, hay de increíble en que digamos que, habiendo errado la humanidad, el Verbo descendió sobre ella y se manifestó como hombre, para salvarla de la tormenta por medio de su bondad intrínseca y su dirección?

1.7.44 Puede ser, sin embargo, que, aunque por vergüenza acepten que esta objeción es nula, los griegos querrán plantear otra. Dirán que, si Dios hubiera querido instruir y salvar a la humanidad, Él podría haberlo hecho, no haciendo que su Verbo asumiera un cuerpo, sino, así como Él los creó al principio, simplemente señalando su voluntad. La respuesta razonable a esto es que las circunstancias en ambos casos son bastante diferentes. En el principio, no existía nada en absoluto; todo lo que se necesitaba, por lo tanto, para hacer realidad todas las cosas, era señalar su voluntad de hacerlo. Pero una vez que el hombre llegó a existir, y demandaban ser sanadas las cosas que existían, y no las que no existían, siguió como una cuestión de curso que el Sanador y Salvador se alineara con aquellas cosas que ya existían, para sanar el mal existente. Por eso, por lo tanto, Él fue hecho hombre, y usó el cuerpo como su instrumento humano. Si este no fuera el camino adecuado, y su voluntad era usar un instrumento, ¿de qué otra manera iba a venir el Verbo? ¿Y de dónde podría Él tomar su instrumento, salvo de entre aquellos que ya existían y necesitaban a su Dios a través de Uno como ellos? No eran cosas inexistentes las que necesitaban salvación, para lo cual bastaba una palabra creativa desnuda, sino el hombre, el hombre que ya existía y que ya estaba en proceso de corrupción y ruina. Era natural y correcto, por lo tanto, que el Verbo utilizara un instrumento humano y por ese medio se manifestara a todos.

Debes saber, además, que la corrupción que se había producido no era externa al cuerpo, sino que se había establecido dentro de él. La necesidad, por lo tanto, era que la vida se uniera a él en el lugar de la corrupción, para que, así como la muerte nació en el cuerpo, la vida también pudiera ser engendrada en él.

Si la muerte hubiera sido exterior al cuerpo, la vida podría haber sido la misma. Pero si la muerte estaba dentro del cuerpo, tejida en su misma sustancia y dominándola como si fuera completamente una con él, era necesario que la Vida fuera tejida en él, de modo que el cuerpo, infundido así de vida, pudiera desechar la corrupción. Supongamos que el Verbo hubiera venido fuera del cuerpo en vez de en él. Por supuesto, habría derrotado a la muerte, porque la muerte es impotente contra la Vida. Pero la corrupción inherente al cuerpo habría permanecido en él no obstante. Por lo tanto, naturalmente, el Salvador asumió un cuerpo para sí, para que el cuerpo, entretejido como con la vida, no siguiera siendo mortal, sujeto a la esclavitud de la muerte, sino que, como impregnado de inmortalidad y resucitado de la muerte, permaneciera en adelante inmortal. Porque una vez sujeto a corrupción, no podía levantarse, a menos que se vistiese de vida en su lugar; y además, la muerte de su naturaleza misma no podía aparecer de otra manera que en un cuerpo. Por lo tanto, se puso un cuerpo, para que en el cuerpo encontrara la muerte y la borrara. Y, de hecho, ¿cómo se podía demostrar en absoluto que el Señor era la Vida, si no hubiera dado vida a lo que estaba sujeto a la muerte?

Toma una ilustración. El rastrojo es una sustancia naturalmente destructible por el fuego; y sigue siendo rastrojo, temiendo la amenaza del fuego que tiene la propiedad natural de consumirlo, incluso si el fuego se mantiene alejado de él, de modo que no se quema realmente. Pero supongamos que, en lugar de limitarse a mantener el fuego, alguien empapa el rastrojo con una cantidad de amianto, la sustancia que se dice que es el antídoto para el fuego. Entonces el rastrojo ya no teme al fuego, porque se ha vestido de aquello que el fuego no puede tocar, y por lo tanto, está seguro. Es lo mismo con respecto al cuerpo y la muerte. Si este hubiera evitado la muerte por un simple mandato, seguiría siendo mortal y corruptible, según su naturaleza. Para evitar esto, se vistió del Verbo incorpóreo de Dios, y por lo tanto, ya no teme a la muerte ni a la corrupción, porque está revestido de Vida como con un vestido y en él la corrupción ha sido eliminada.

1.7.45 Así, el Verbo de Dios actuó consistentemente al asumir un cuerpo y usar un instrumento humano para vitalizar el cuerpo. Él fue consistente en obrar a través del hombre para revelarse a Sí mismo en todas partes, así como a través de las otras partes de su creación, de modo que nada quedó vacío de su divinidad y conocimiento. Porque retomo ahora el punto que señalé antes, a saber: que el Salvador hizo esto para que poder llenar todas las cosas en todas partes con el conocimiento de Sí mismo, así como ya están llenas de su presencia, tal como dice la Escritura Divina: «Todo el universo estaba lleno del conocimiento del Señor».[62] Si un hombre mira hacia el cielo, ve allí Su orden; pero si no puede mirar tan alto como el cielo, sino solo tan lejos como los hombres, a través de sus obras ve su poder, incomparable con el poder humano, y aprende de ellos que Él solo entre los hombres es Dios el Verbo. O bien, si alguien se extravía entre los demonios y les teme, podrá ver a este expulsarlos y a ellos declarar que Él es su Amo. Una vez más, si un hombre ha sido sumergido en el elemento del agua y piensa que esta es Dios —como de hecho los egipcios adoran el agua— él puede ver su propia naturaleza cambiada por Él y aprender que el Señor es Creador de todo. Y si un hombre ha descendido hasta el Hades, y se queda asombrado ante los héroes que han descendido allí, considerándolos dioses, aún puede ver el hecho de la resurrección de Cristo y su victoria sobre la muerte,

---

62. Isaías 11:9

y razonar de ello que, de todos ellos, Él es Señor y Dios. Porque el Señor tocó todas las partes de la creación, y las liberó y les mostró la verdad a todos para quitar todo engaño. Como dice San Pablo, «Habiendo despojado Él mismo a los principados y las potestades, Él triunfó en la cruz»,[63] para que nadie pudiera ser engañado más, sino que en todas partes encontrara al mismo Verbo de Dios. Porque así el hombre, encerrado por todas partes por las obras de la creación y por todo lugar — en el cielo, en el Hades, en los hombres y en la tierra, contemplando la Divinidad desplegada del Verbo, ya no es engañado respecto a Dios, sino que adora solamente a Cristo, y por medio de Él conoce con razón al Padre.

Por estas razones, entonces, de razón y de principio, haremos callar justamente a los gentiles a su vez. Pero si creen que estos argumentos son insuficientes para confundirlos, en el siguiente capítulo pasaremos a demostrar nuestro punto a partir de los hechos.

1.8 La refutación de los gentiles (continuación)

1.8.46 ¿Cuándo comenzó la gente a abandonar la adoración de los ídolos, sino cuando el mismo Verbo de Dios vino entre los hombres? ¿Cuándo han cesado los oráculos y se han vuelto vacíos de sentido, entre los griegos y en todas partes, sino después de que el Salvador se ha revelado en la tierra? ¿Cuándo comenzaron a ser considerados simples mortales aquellos a quienes los poetas llaman dioses y héroes, sino cuando el Señor tomó el botín de la muerte y conservó incorruptible el cuerpo que Él había tomado, levantándolo de entre los muertos? ¿O cuándo cayó el engaño y la locura de los demonios bajo desprecio, sino cuando el Verbo, el Poder de Dios, el Amo de todos ellos, condescendió a causa

---

63. Colosenses 2:15

de la debilidad de la humanidad y apareció en la tierra? ¿Cuándo comenzó a rechazarse la práctica y la teoría de la magia, si no en la manifestación del Verbo Divino a los hombres? En pocas palabras, ¿cuándo se volvió insensata la sabiduría de los griegos, sino cuando la verdadera Sabiduría de Dios se reveló en la tierra? En los viejos tiempos, todo el mundo y todos los lugares en él se desviaban en pos de la adoración de los ídolos, y los hombres pensaban que los ídolos eran los únicos dioses que había. Pero ahora en todo el mundo los hombres abandonan el temor de los ídolos y se refugian en Cristo; y al adorarlo como a Dios, vienen por medio de Él para conocer también al Padre, al cual antes no conocían. Lo sorprendente, además, es esto. Los objetos de culto antes eran variados e innumerables; cada lugar tenía su propio ídolo y el llamado dios de un lugar no podía pasar a otro para persuadir a la gente de allí a adorarlo, sino que apenas era reverenciado por los suyos. ¡De hecho, no! Nadie adoraba al dios de su vecino, sino que cada hombre tenía su propio ídolo y pensaba que ese era el señor de todos. Pero ahora solo Cristo es adorado, como Uno y el mismo entre todos los pueblos de todas partes; y lo que la debilidad de los ídolos no podía hacer, es decir, convencer también a los que habitan cerca, Él lo ha realizado. Él ha persuadido no solo a los cercanos, sino literalmente al mundo entero de adorar a un mismo Señor y a través de Él al Padre.

1.8.47 De nuevo, en tiempos pasados, todos los lugares estaban llenos del fraude de los oráculos, y las declaraciones de los que estaban en Delfos y Dordona y en Beocia y Licia y en Libia y Egipto, y las de los Cabiros y la Pitonisa, eran consideradas maravillosas por la mente de los hombres. Pero ahora, desde que Cristo ha sido proclamado en todas partes, su locura también ha cesado, y no queda nadie entre ellos para dar oráculos en absoluto. Entonces, también, los demonios solían engañar las mentes de los hombres tomando su morada en manantiales o ríos o árboles o piedras y engañando a las personas simples con sus fraudes. Pero ahora, desde la aparición divina del Verbo, toda esta fantasía ha cesado, porque por la señal de la cruz, si un hombre la usa, expulsa sus engaños. Una vez más, la gente solía considerar como dioses a aquellos que se mencionan en los poetas: Zeus y Cronos, Apolo y los héroes, y al adorarlos se descarriaban. Pero ahora que el Salvador ha aparecido entre los hombres, esos otros han sido expuestos como hombres mortales, y solo Cristo es reconocido como verdadero Dios, Verbo de Dios, Dios mismo. ¿Y qué se puede decir acerca de la magia que ellos consideran tan maravillosa? Antes de que viniera el Verbo, era fuerte y activa entre los egipcios y caldeos e indios y llenaba a todos los que la veían de terror y asombro. Pero con la venida de la Verdad y la manifestación del Verbo también ha sido confundida y totalmente destruida. En cuanto a la sabiduría griega, sin embargo, y la ruidosa charla de los filósofos, realmente creo que nadie requiere discusión de nosotros; pues el hecho asombroso es patente para todos, de que con todo lo que habían escrito tanto, los griegos no lograron convencer ni siquiera a unos pocos de su propio barrio en lo que respecta a la inmortalidad y el orden virtuoso de la vida. Solo Cristo, usando el lenguaje común y a través de hombres no inteligentes con sus lenguas, ha convencido a asambleas enteras de personas de todo el mundo a despreciar la muerte, a prestar atención a las cosas que no mueren, a mirar más allá de las cosas del tiempo y a mirar las cosas eternas, a no pensar en gloria terrenal y a aspirar solo a la inmortalidad.

1.8.48 Estas cosas que hemos dicho no son meras palabras: están atestiguadas por la experiencia real. Cualquiera que quiera puede ver la prueba de gloria en las vírgenes de Cristo, y en los jóvenes que practican la castidad como parte de su religión, y en la seguridad de la inmortalidad en una compañía tan grande y alegre de mártires. Cualquiera, también, puede someter lo que hemos dicho a la prueba de la experiencia de otra manera. En la presencia misma del fraude de los demonios y de la impostura de los oráculos y de las maravillas de la magia, que use la señal de la cruz de la que todos se burlan, y hable el Nombre de Cristo, y verá cómo a través de Él los demonios son expulsados, cesan los oráculos y toda magia y brujería es confundida.

¿Quién, entonces, es este Cristo y cuán grande es Él, quien por su Nombre y Presencia eclipsa y confunde todas las cosas por todos lados, quien solo es fuerte contra todos y ha llenado el mundo entero de su enseñanza? Que nos digan los griegos, que se burlan de Él sin tiempo ni vergüenza. Si Él es un hombre, ¿cómo es que un hombre ha demostrado ser más fuerte que todos aquellos a quienes ellos mismos consideran dioses, y por su propio poder les ha demostrado que no son nada? Si le llaman mago, ¿cómo es que por un mago se destruye toda magia, en lugar de ser fortalecida? Si hubiera conquistado a ciertos magos o hubiera demostrado ser superior a uno de ellos solamente, podrían pensar razonablemente que Él sobresalió al resto solo por su mayor habilidad. Pero el hecho es que su cruz ha vencido completamente toda la magia y ha conquistado el nombre mismo de ella. Obviamente, por lo tanto, el Salvador no es mago, porque los mismos demonios a los que los magos invocan huyen de Él como de su Amo. ¿Quién es Él, entonces? ¡Que los griegos nos digan, cuya única búsqueda seria es burla! Quizá dirán que Él también es un demonio, y es por eso que prevaleció. Pero aún así la risa sigue de nuestro lado, porque podemos confundirlos con las mismas pruebas que antes. ¿Cómo podría ser un demonio quien expulsa a los demonios? Si solo hubieran sido algunos a los que Él expulsó, entonces podrían pensar razonablemente que Él prevaleció contra ellos por el poder de su Jefe, como dijeron los judíos que deseaban insultarlo. Pero como el hecho es, aquí de nuevo, que ante la mera invocación de su Nombre toda la locura de los demonios es erradicada y puesta en fuga, obviamente los griegos también están equivocados aquí, y nuestro Señor y Salvador Cristo no es, como sostienen, algún poder demoníaco.

Si, entonces, el Salvador no es ni un simple hombre ni un mago, ni uno de los demonios, sino que por su Dios ha confundido y eclipsado las opiniones de los poetas y la ilusión de los demonios y la sabiduría de los griegos, debe ser manifiesto y será reconocido por todos que Él es en verdad el Hijo de Dios, el Verbo Existente y la Sabiduría y el Poder del Padre. Esta es la razón por la que sus obras no son meras obras humanas, sino que, tanto intrínsecamente como en comparación con las de los hombres, son reconocidas como sobrehumanas y verdaderamente obras de Dios.

1.8.49 ¿Qué hombre que haya existido, por ejemplo, formó un cuerpo para sí mismo a partir de una virgen solamente? ¿O qué hombre sanó tantas enfermedades como el Señor que es Señor de todos? ¿Quién restauró lo que faltaba en la naturaleza del hombre o hizo que un ciego de nacimiento recibiera la vista? Esculapio fue deificado por los griegos porque practicaba el arte de la curación y descubrió hierbas como remedios para enfermedades corporales, no, por supuesto, formándolas por sí mismo de la tierra, sino descubriéndolas mediante el estudio de la naturaleza. Pero, ¿qué es eso en comparación con lo que el Salvador hizo cuando, en lugar de simplemente sanar una herida, Él formó un ser esencial y restauró la salud de lo que Él había formado? Hércules también es adorado como un dios por los griegos porque luchó contra otros hombres y destruyó animales salvajes con astucia. Pero, ¿qué es eso comparado con lo que hizo el Verbo, al echar de los hombres enfermedades y demonios e incluso la muerte misma? Dionisio es adorado entre ellos porque enseñaba a los hombres embriaguez; sin embargo, ridiculizan al verdadero Salvador y Señor de todos, que enseñaba a los hombres templanza.

Eso es, sin embargo, suficiente sobre este punto. ¿Qué dirán de las otras maravillas de su Trinidad? ¿Ante la muerte de cuál hombre se oscureció el sol y se sacudió la tierra? Por qué, incluso hasta el día de hoy los hombres siguen muriendo, y lo hacían también antes de aquel tiempo. ¿Cuándo ocurrieron esas maravillas en su caso? ¿Pasaremos ahora a las obras hechas en su cuerpo terrenal y mencionaremos aquellas después de su resurrección? ¿Ha prevalecido la enseñanza de algún hombre, en algún lugar o en algún momento, siendo la misma en todas partes, de un extremo a otro de la tierra, de modo que su adoración haya volado por todas las tierras? Una vez más, si, como dicen, Cristo es solo un hombre y no Dios el Verbo, ¿por qué los dioses de los griegos no impiden que Él entre en sus dominios? ¿O por qué, por otro lado, el Verbo mismo que habita en medio de nosotros acaba con la adoración de ellos por medio de su enseñanza y pone su fraude en vergüenza?

1.8.50 Muchos antes de Él han sido reyes y tiranos de la tierra, la historia cuenta también de muchos entre los caldeos y egipcios e indios que eran sabios y magos. Pero ¿cuál de ellos, no digo después de su muerte, sino mientras aún estaba en esta vida, fue capaz de prevalecer hasta llenar el mundo entero con su enseñanza y recuperar tan grande multitud del miedo de los ídolos, como nuestro Salvador ha conquistado de los ídolos a Sí mismo? Los filósofos griegos han compilado muchas obras con persuasión y mucha habilidad en palabras; pero, ¿qué fruto pueden presentar de esto que se compare con la cruz de Cristo?

Sus sabios pensamientos fueron suficientemente persuasivos hasta que murieron; sin embargo, incluso en su vida su aparente influencia fue contrarrestada por su rivalidad entre sí, porque eran una compañía celosa y se declamaban unos contra otros. Pero el Verbo de Dios, por extraña paradoja, enseñando en lenguaje más mezquino, ha puesto a los sofistas más selectos en la sombra, y al confundir sus enseñanzas y atraer a todos los hombres a Sí mismo, Él ha llenado sus propias asambleas. Además —y esto es lo maravilloso de haber descendido como Hombre hasta la muerte—, ha confundido todas las palabras sonoras de los sabios acerca de los ídolos. ¿Porque la muerte de quién expulsó demonios, o la muerte de quién temían los demonios, sino la de Cristo? Porque donde el Salvador es invocado, allí todo demonio es expulsado. Una vez más, ¿quién ha librado a los hombres de sus pasiones naturales de modo que los fornicadores se vuelven castos y los asesinos ya no empuñan la espada y los que antes eran cobardes ahora se comportan como hombres valientes? En pocas palabras, ¿qué persuadió a los bárbaros y paganos de todo lugar a abandonar su locura y buscar la paz, sino la fe de Cristo y la señal de la cruz? ¿Qué otras cosas le han dado a los hombres una fe tan cierta en la inmortalidad como la cruz de Cristo y la resurrección de su cuerpo? Los griegos contaban todo tipo de cuentos falsos, pero nunca pudieron pretender que sus ídolos resucitaron de la muerte: de hecho, nunca entró en sus cabezas que un cuerpo pudiera volver a existir después de la muerte. Y uno estaría particularmente dispuesto a escucharlos en este punto, porque con estas opiniones han puesto de manifiesto la debilidad de su propia idolatría, al tiempo que ha cedido a Cristo la posibilidad de la resurrección corporal, para ser reconocido por todos como Hijo de Dios por medio de ella.

1.8.51 Una vez más, ¿quién de los hombres, ya sea después de su muerte o aún viviendo, enseñó acerca de la virginidad y no consideró esta virtud como imposible para los seres humanos? Pero Cristo nuestro Salvador y Rey de todos ha prevalecido tanto con su enseñanza sobre este tema que incluso los niños que aún no han cumplido la edad legal prometen esa virginidad que trasciende la ley. ¿Y quién entre los hombres ha sido capaz de penetrar incluso a escitas y etíopes, o partos o armenios o aquellos que se dice que viven más allá de Hircania, o incluso a los egipcios y caldeos, personas que prestan atención a la magia y son más que naturalmente esclavizados por el miedo de los demonios y salvajes en sus hábitos, y de predicar en absoluto acerca de la virtud y el autocontrol y contra la adoración de los ídolos, como lo ha hecho el Señor de todos, el Poder de Dios, nuestro Señor Jesucristo? Sin embargo, Él no solo predicó a través de sus propios discípulos, sino que también obró tan persuasivamente en la comprensión de los hombres que, dejando a un lado sus hábitos salvajes y abandonando la adoración de sus dioses ancestrales, aprendieron a conocerlo y a través de Él a adorar al Padre. Cuando todavía eran idólatras, los griegos y los bárbaros estaban siempre en guerra entre sí, e incluso eran crueles con sus propios parientes. Nadie podía viajar por tierra o mar a menos que estuviera armado con espadas debido a sus peleas irreconciliables entre sí. De hecho, todo el curso de su vida se llevaba a cabo con armas, y la espada entre ellas reemplazaba al bastón y era el pilar de toda ayuda. Todo este tiempo, como dije antes, servían ídolos y ofrecían sacrificios a los demonios, y por todo el asombro supersticioso que acompañaba a esta adoración de ídolos, nada podía despegarlos de ese espíritu bélico. Pero, aunque sea extraño de relatar, desde que llegaron a la escuela de Cristo, conforme los hombres procedieron con verdadera convicción, han dejado de lado su crueldad asesina y ya no tienen intenciones de guerra. Por el contrario, todo es paz entre ellos y nada queda salvo el deseo de amistad.

1.8.52 ¿Quién es, pues, el que ha hecho estas cosas y ha unido en paz a los que se odiaban unos a otros, salvo el Hijo amado del Padre, el Salvador común de todos, Jesucristo, que por su propio amor sufrió todas las cosas para nuestra salvación? Incluso desde el principio, además, esta paz que Él debía administrar fue predicha, porque la Escritura dice: «Convertirán sus espadas en rejas de arado y sus lanzas en hoces, y nación no tomará espada contra nación, ni aprenderán más a hacer guerra».[64] Tampoco es de ninguna manera increíble.

Los bárbaros de hoy son naturalmente salvajes en sus hábitos, y mientras se sacrifican a sus ídolos se enojan furiosamente unos contra otros y no pueden soportar pasar una sola hora sin armas. Pero cuando oyen la enseñanza de Cristo, inmediatamente se vuelven de la lucha a la agricultura, y en lugar de armarse con espadas extienden sus manos en oración. En pocas palabras, en lugar de luchar entre sí, toman las armas contra el diablo y los demonios, y los vencen con su dominio propio e integridad del alma. Estos hechos son prueba de la divinidad del Salvador, porque Él ha enseñado a los hombres lo que nunca pudieron aprender entre los ídolos. Tampoco es una pequeña exposición de la debilidad y de la vanidad de los demonios e ídolos, pues era porque conocían su propia debilidad que los demonios siempre estaban poniendo a los hombres a luchar entre sí, temiendo que, si cesaban de la lucha, se volverían a atacar a los propios demonios. Pues, ciertamente, los discípulos de Cristo, en lugar de pelear unos contra otros, se levantan contra los demonios mediante sus hábitos y acciones virtuosas, y los persiguen y se

---

64. Isaías 2:4

burlan de su capitán el diablo. Incluso en la juventud son castos, resisten en tiempos de prueba y perseveran en el trabajo. Cuando son insultados, son pacientes, cuando les roban lo toman a la ligera, y, lo que es maravilloso, toman a la ligera incluso la muerte misma y se convierten en mártires de Cristo.

1.8.53 Y aquí hay otra prueba del Dios del Salvador que es verdaderamente asombrosa. ¿Qué simple hombre, mago, tirano o rey fue capaz de hacer tanto por sí mismo? ¿Alguna vez luchó alguien contra todo el sistema de adoración a los ídolos y toda la multitud de demonios y toda la magia y toda la sabiduría de los griegos, en un momento en que todos estos eran fuertes y florecientes y dominaban a todos, como lo hizo nuestro Señor, el Verbo mismo de Dios? Sin embargo, incluso ahora Él está exponiendo el error de cada hombre invisiblemente, y con una sola mano está llevando a todos los hombres de todos ellos, de modo que aquellos que solían adorar a los ídolos ahora los pisan bajo los pies, los magos reputados queman sus libros y los sabios prefieren la interpretación de los evangelios a todos los estudios. Ellos están abandonando a aquellos a quienes antes adoraban, adoran y confiesan como Cristo y Dios a Aquel de quien se burlaban como crucificado. Sus supuestos dioses son echados fuera por la señal de la cruz, y el Salvador crucificado es proclamado en todo el mundo como Dios e Hijo de Dios. Además, los dioses adorados entre los griegos ahora están cayendo en descrédito entre ellos debido a las cosas vergonzosas que hicieron, porque aquellos que reciben la enseñanza de Cristo son más castos en la vida que ellos. Si estas, y similares, son obras humanas, que alguien nos muestre cosas similares hechas por los hombres en el pasado, y así nos convenza. Pero si se demuestra que son, y de hecho son obras no de hombres, sino de Dios, ¿por qué los infieles son tan irreligiosos como para no reconocer al Amo que las hizo? Ellos sufren del mismo mal que el hombre que no reconoce a Dios el Artífice a través de las obras de la creación. Porque ciertamente si hubieran reconocido a su Dios a través de su poder en el universo, reconocerían también que las obras corporales de Cristo no son humanas, sino que son las del Salvador de todos, el Verbo de Dios. Y si hubieran reconocido esto, como Pablo dice: «No habrían crucificado al Señor de gloria».[65]

1.8.54 Entonces, así como el que desea ver a Dios, que por naturaleza es invisible y no ha de ser contemplado, puede aún percibirlo y conocerlo por medio de sus obras, así también el que no ve a Cristo con su entendimiento, por lo menos considere sus obras corporales y póngalas a prueba a ver si son de hombre o de Dios. Si son de hombre, entonces que se burle; pero si son de Dios, que no se burle de cosas que no son objeto de desprecio, sino que reconozca el hecho y se maraville de que las cosas divinas nos han sido reveladas por medios tan humildes, que por medio de la muerte se nos ha dado a conocer la inmortalidad, y por medio de la Encarnación del Verbo ha sido declarada la Mente de donde proceden todas las cosas, y su Agente y Ordenador, el Verbo mismo de Dios. Él, de hecho, asumió la humanidad para que pudiéramos llegar a ser Dios. Él se manifestó por medio de un cuerpo para que pudiéramos percibir la Mente del Padre invisible. Sufrió la vergüenza de los hombres para que pudiéramos heredar la inmortalidad. Él mismo no fue afectado por esto, porque Él es impasible e incorruptible; pero por su propia impasibilidad mantuvo y sanó a los hombres que sufren, por cuya causa soportó todo esto. En resumen, tales y tantos son los logros del Salvador que proceden de su Encarnación, que tratar de numerarlos es como mirar al mar abierto e intentar contar las olas. Uno no puede ver todas las olas con los ojos, porque

---

65. 1 Corintios 2:8

cuando trata de hacerlo, las que siguen confunden los sentidos. Aun así, cuando uno quiere entender todos los logros de Cristo en el cuerpo, no puede hacerlo, ni siquiera calculándolos, porque las cosas que trascienden el pensamiento son siempre más de las que uno piensa que ha comprendido.

Como no podemos hablar adecuadamente ni siquiera de una parte de su obra, por lo tanto, será mejor para nosotros no hablar de ella por completo. Así que vamos a mencionar solo una cosa más, y luego dejaremos el todo para que tú te maravilles. Porque, de hecho, todo lo que le rodea es maravilloso, y dondequiera que el hombre vuelve su mirada, ve a la divinidad del Verbo y es golpeado por asombro.

1.8.55 El contenido de lo que hemos dicho hasta ahora puede resumirse de la siguiente manera. Desde que el Salvador vino a morar entre nosotros, no solo la idolatría ya no aumenta, sino que está disminuyendo y gradualmente deja de ser. Del mismo modo, no solo la sabiduría de los griegos ya no hace ningún progreso, sino que lo que solía ser está desapareciendo. Y los demonios, tan lejos de seguir engañando a las personas por sus mentiras, sus oráculos y sus hechicerías, son expulsados por la señal de la cruz si lo intentan. Por otro lado, mientras que la idolatría y todo lo que se opone a la fe de Cristo se debilita cada día, se tambalea y cae, ¡ves que la enseñanza del Salvador aumenta en todas partes! Adora, pues, al Salvador «quien es por encima de todo» y poderoso, Dios el Verbo, y condena a los que son derrotados y destruidos por Él. Cuando el sol ha llegado, la oscuridad ya no prevalece; cualquier resto de ella que se pueda hallar en cualquier lugar es ahuyentado. Así también, ahora que la Divina Epifanía del Verbo de Dios ha tenido lugar, la oscuridad de los ídolos ya no prevalece, y todas las partes del mundo en todas direcciones son iluminadas por su enseñanza.

Del mismo modo, si un rey está reinando en algún lugar, pero permanece en su propia casa y no se deja ver, sucede a menudo que algunos insubordinados, aprovechando su retiro, se proclaman en su lugar; y cada uno de ellos, investido con la apariencia de realeza, engaña a los simples que, por no poder entrar en el palacio y ver al verdadero rey, son desviados simplemente al oír el nombre de un rey. Cuando el verdadero rey emerge, sin embargo, y es visible a todos, las cosas son diferentes. Los impostores insubordinados se muestran por lo que son, y los hombres, viendo al verdadero rey, abandonan a los que antes los engañaron. De la misma manera, los demonios solían engañar a los hombres, tomando sobre sí el honor debido a Dios. Pero desde que el Verbo de Dios se ha manifestado en un cuerpo y nos ha dado a conocer a su propio Padre, el fraude de los demonios es detenido y destruido; y los hombres, volviendo sus ojos al verdadero Dios, el Verbo del Padre, abandonan los ídolos y llegan a conocer al verdadero Dios.

Ahora bien, esto es prueba de que Cristo es Dios, el Verbo y el Poder de Dios. Porque mientras las cosas humanas cesan y el hecho de Cristo permanece, está claro para todos que las cosas que cesan son temporales, pero que el que permanece es Dios y el Hijo de Dios, el Verbo unigénito.

1.9 Conclusión

1.9.56 Esta es, entonces, Macario, nuestra ofrenda a los que aman a Cristo, una breve declaración de la fe de Cristo y de la manifestación de su Trinidad hacia nosotros. Esto te dará un comienzo, y debes seguir probando su verdad mediante el estudio de las Escrituras. Estas fueron escritas e inspirados por Dios; y nosotros, que hemos aprendido de maestros inspirados que leyeron las Escrituras y se convirtieron en mártires de la Deidad de Cristo, contribuimos aún más a tu afán de aprender. De las Escrituras aprenderás también acerca de su segunda manifestación a nosotros, gloriosa y divina, de hecho, cuando Él venga no en humildad, sino en su propia gloria, ya no en humillación, sino en majestad, ya no para sufrir, sino para otorgarnos todo el fruto de su cruz: la resurrección y la incorruptibilidad. Ya no será juzgado, sino que Él mismo será Juez, y juzgará a todos y a cada uno de acuerdo con sus obras hechas en el cuerpo, sean buenas o sean malas. Entonces, para los buenos está establecido el reino celestial, pero para los que practican la maldad, las tinieblas de afuera y el fuego eterno. Así también, el Señor mismo dice: «Os digo que en adelante veréis al Hijo del Hombre sentado a la diestra del poder, viniendo sobre las nubes del cielo en la gloria del Padre».[66] Para aquel día tenemos uno de sus propios dichos para prepararnos: «Estad preparados y velad, porque no sabéis la hora cuando Él vendrá».[67] Y el bendito Pablo dice: «Todos debemos comparecer ante el tribunal de Cristo, para que cada uno reciba conforme a lo que hizo en el cuerpo, sea bueno o sea malo».[68]

1.9.57 Pero para la búsqueda y comprensión correcta de las Escrituras se necesita una buena vida y un alma pura, y que la virtud cristiana guíe a la mente para comprender, en la medida en que la naturaleza humana pueda, la verdad acerca de Dios el Verbo. Uno no puede entender la enseñanza de los santos a menos que tenga una mente pura y esté tratando de imitar su vida. Cualquiera que quiera mirar la luz del sol naturalmente se limpia los ojos primero, para hacer, en cualquier caso, una aproximación a la pureza de lo que mira; y una persona que desee

---

66. Mateo 26:64
67. Mateo 24:42
68. 2 Corintios 5:10

ver una ciudad o un país va al lugar para hacerlo. Del mismo modo, cualquiera que desee entender la mente de los escritores sagrados debe primero limpiar su propia vida, y acercarse a los santos imitando sus obras. Así, unido a ellos en la comunión de vida, comprenderá las cosas reveladas por Dios y, de ahí en adelante, escapando del peligro que amenaza a los pecadores en el juicio, recibirá lo que está dispuesto para los santos en el reino de los cielos. De esa recompensa está escrito: «Los ojos no han visto ni oídos han oído, ni han entrado en el corazón del hombre, las cosas que Dios ha preparado»[69] para los que viven una vida piadosa y aman al Dios y Padre en Cristo Jesús nuestro Señor, por quien y con quien sea, al Padre mismo, con el Hijo mismo, en el Espíritu Santo, honra y poder y gloria por los siglos de los siglos. Amén.

---

69. 1 Corintios 2:9

Sobre el Colaborador

Steven R. Martins es el director fundador del Cántaro Institute y pastor fundador de Sevilla Chapel en St. Catharines, Ontario, Canadá. Un canadiense de segunda generación, Steven es de padres iberoamericanos y ha trabajado en los campos de la apologética misionera y en el liderazgo de la iglesia por ocho años. Ha hablado en numerosas conferencias, iglesias y eventos estudiantiles universitarios, desde York University, Toronto, hasta la University of West Indies en Port of Spain, Trinidad, las Universidades nacionales de Costa Rica (UCR y UNA), y la Universidad Evangélica de El Salvador. También ha aportado artículos a Coalición por el Evangelio y a la revista *Reforma Siglo XXI* de Editorial CLIR.

Steven tiene una Maestría *summa cum laude* en Estudios Teológicos con un enfoque en apologética cristiana de la Veritas International University (Santa Ana, CA., EE.UU.) y un Bachiller en Gestión de Recursos Humanos de York University (Toronto, ON., Canadá). Ha servido en la junta ejecutiva de Answers in Genesis Canada, y ha servido en el pasado con el Ezra Institute for Contemporary Christianity (EICC) como apologista, escritor y director de desarrollo y avance del ministerio por cuatro años. También ha servido pastoralmente en Harbour Fellowship Church en St. Catharines. Steven está casado con Cindy y vive en Jordan Station, Ontario, con sus hijos Matthias y Timothy.

www.ingramcontent.com/pod-product-compliance
Lightning Source LLC
Chambersburg PA
CBHW070917080526
44589CB00013B/1335